걷고 또 걷고 싶은 대한민국 산책길

대한민국 산책길

걷고 또 걷고 싶은

주말에 떠나는 한나절 걷기여행!

장태동 지음

살림Life

들어가기 전에

여행 기자라는 팔자 좋은 직업 덕분에 매주 무거운 배낭을 짊어지고 10년 가까이 우리나라 구석구석을 걸으며 느끼고 숨 쉬었다. 그렇게 험난한 산을 넘고 거친 숲길과 자갈길을 걸으면서 스스로에게 '나는 왜 걷고 있는가? 무엇이 나를 떠밀어 이 길을 걷게 하는가?' 하고 묻곤 했다.

·· 마음 따뜻해지는 대한민국 사계 여행

푸른 신록과 산벚꽃 하얀 빛에 흠뻑 젖어 걸었던 보곡산 산길에서 나는 풋풋한 자연이 됐다. 온통 진달래로 뒤덮인 영취산 산등성이를 오를 땐 청춘을 함께했던 친구들이 생각났다. 제주 비자림 숲길을 두 손 꼭 잡고 걷던 중년의 부부 뒷모습을 보면서는 아내의 손이 그리웠다. 피나클랜드에서 만난 한 그루 미루나무 앞에 섰을 때는 그리운 엄마의 향기가 온몸을 감쌌다.

선운사 부도밭으로 가는 숲길에서 본 푸른 잔디 위 붉은 낙화의 흔적에 서정주 시인의 시 한 구절이 붉게 피어났다. 통영 강구안 바닷가 언덕 동피랑 골목길을 걸을 때는 마음의 텃밭에서 잊고 살았던 내 꿈이 다시 싹트고 있었다. 제주 성산 아래 바닷가에서 해녀들이 따 올린 전복이며 해삼 멍게에 술 한 잔 나누며 바다를 가슴에 안을 때에는 기쁨은 배가 되고 근심은 반으로 줄어들었다.

손주 먹일 감자 농사를 위해 씨감자를 고르시던 경북 영주의 한 할머니의 주름진 얼굴에는 이 세상 모든 '어머니'들의 희생과 사랑이 담겨 있었다.

여행은 낯선 땅에서 사람을 만나고 그들의 품으로 들어갔다 나오는 과정이다. 처음 만나는 자연은 여행자에게 말없이 감동을 선물한다. 기쁨은 더 커지게 하고 근심 가득한 마음은 위로해준다. 또 저마다 간직한 추억의 풍경과 향기를 일깨우고 바람 한 줄기와 햇볕의 질감, 비오는 소리만으로도 여행자의 마음을 풍요롭게 한다.

낯선 곳에서 만난 사람들은 말 한마디로 살갗에 닿는 인정을 베푼다. 나는 고향 같은 시골길을 여행할 때면 사람들에게 먼저 인사를 건넨다. 도시에서 처음 보는 사람에게 "안녕하세요"라며 말을 붙였다가는 이상한 사람 취급 받기 십상이지만 여행길에서는 한마디 인사말로 낯선 경계의 시간이 허물어진다. 그렇게 한 발 짝 그 사람들에게 흡수된다.

아기 같고 천사 같이 해맑게 웃으시는 시골 할머니의 얼굴을 보고 있노라면 내 얼굴에도 웃음이 번진다. 그렇게 한참 동안 이야기 나누다가도 밥때 됐다며 슬그머니 나가 차려오시던 밥상을 받아 본 사람은 알 것이다. 밥보다 소중한 그 무엇이 밥상 가득 차려져 있다는 것을.

·· **두 발이 있는 한 나는 영원히 길 위의 여행자다**

처음으로 혼자 떠났던 여행길, 19살 나는 강원도 정선으로 향했다. 길 위의 여행은 나에게 세상과 자연의 이야기를 들려주었다. 첫 여행 이후 내 발은 국내외 여행지를 숱하게 오가며 청춘을 통째로 흔들어 놓았다. 학교에서도 집에서도 배울 수 없었던 것들이 그 여행길에 있었다. 허리 굽혀 바라보는 봄의 새싹이 우주의 이야기를 들려주기도 했으며, 할머니 웃는 얼굴 골골이 패인 주름이 내 마음에서 해바라기로 피어나기도 했다. 길 위에 서면 나는 언제나 자유고 열린 마음의 여행자다.

여행은 자연을 닮아가는 과정이기도 하다. 어린 시절 집게벌레를 잡으러 기어올랐던 마을 뒷산 상수리나무 껍질처럼 이제는 내 손등에도 주름과 굳은살이 옹이처럼 박혀 있다. 부드럽고 완만한 곡선으로 뻗어 내린 산줄기처럼 모나지 않은 고운 선 그대로를 담은 기와집에 사는 사람들 또한 착하고 정 많지 않겠는가. 우리가 여행하는 이 땅의 모든 자연과 마을과 그리고 그곳에서 만나는 사람들은 그 어떤 누군가의 마음 깊이 뿌리내린 추억의 하나이자 삶 그 자체일 것이다.

흙먼지를 뒤집어 쓰고 자동차 바퀴에 깔리면서도 땅에서 낮게 피어 살고야 마는 질경이의 생을 보고 누군가는 감동한다. 철갑 같은 껍질을 뚫고 피어난 연둣빛 새순은 그 어떤 사람에게는 삶의 희망이다. 그렇게 여행은 길 위의 모든 것들이 내 마음에 길을 내는 것이며, 마음의 길이 두 발로 걷는 길과 맞닿아 그곳의 자연과 사람들까지 이어지는 일이다.

여행은 이처럼 자연과의 교감이며 사람과 사람 사이의 소통이다. 여행자의 마음이 닫혀 있으면 교감도 소통도 없다. 닫힌 마음으로 떠났던 여행이라도 그곳의 자연과 사람들 앞에 서면 언젠가는 마음의 빗장이 열리는 소리를 스스로 들을 수 있을 것이다. 숲에 이는 바람 소리, 이른 새벽 새소리, 늦은 밤 초가를 적시는 빗줄기 소리, 오전의 햇살이 살갗에 내려앉는 느낌, 밥 먹고 가라며 환하게 웃는 할머니의 함박웃음을 온전히 느낄 수 있다면 더 이상의 준비는 필요 없다. '걷고 또 걷고싶은 대한민국 산책길'이 그 누군가의 삶도 따뜻하게 만들어주기를 소망한다.

2009년 07월에
장태동

차례

들어가기 전에　　　　　　　　　　　　　　　　4

Part 01 봄길_ 벚꽃비 흩날리는 길

01. 섬진강 광양 다압리 매화마을 산책길　　　　12
02. 경남 진해 벚꽃길　　　　　　　　　　　　　19
03. 경남 하동 화개동천 십 리 벚꽃길　　　　　　27
04. 충남 아산 피나클랜드　　　　　　　　　　　34
05. 충남 금산 보곡산 산벚꽃길　　　　　　　　　43
06. 충북 옥천 금강길(금강유원지~청풍정)　　　51
07. 전북 능가산 내소사 전나무 숲길　　　　　　61
08. 전남 구례 산동면 상위마을 산수유 꽃길　　　67
09. 경북 영덕 낙평마을, 지품마을 복사꽃길　　　73
10. 전남 여수 영취산 진달래 산행길　　　　　　80
11. 경기도 양평 개군면, 이천 백사면 산수유마을　86
12. 강화도 고려산 진달래 산행길　　　　　　　　93

Part 02 여름길_ 꿈따라 숲길을 걷다

01. 경남 통영 동피랑길　　　　　　　　　　　　102
02. 충남 부여 궁남지 연꽃길　　　　　　　　　　111
03. 전남 무안 도리포 바닷길　　　　　　　　　　119
04. 강원도 양양 계곡길　　　　　　　　　　　　129
05. 제주 평대리 비자림 산책길　　　　　　　　　137
06. 경북 봉화 구마동 계곡길　　　　　　　　　　145
07. 경남 통영 바닷길　　　　　　　　　　　　　155
08. 경남 함양 화림동 계곡 정자길　　　　　　　164
09. 남해 상주해수욕장~독일마을 바닷길　　　　172

Part 03 가을길_ 낙엽길 따라 내 마음 따라 나서기

01. 강원 태백 구와우마을 해바라기 초원길, 바람의 언덕길   182
02. 전남 순천만 갈대밭, 낙안읍성 민속마을 초가길   190
03. 전북 고창 미당 서정주 국화꽃마을, 돋음볕마을   197
04. 전북 정읍 만석보 코스모스길, 구절초 꽃길   205
05. 경북 청송 송소고택, 주산지   213
06. 경기도 고양시 원당종마목장과 서삼릉   220
07. 전남 담양 죽녹원 대나무길, 메타세쿼이아 가로수길   226
08. 전북 고창 선운사 사찰길   235
09. 강원도 속초 영금정~청호동 아바이마을 바닷길   241
10. 전남 장흥 상선약수마을 삼림욕길   249

Part 04 겨울길_ 하얗게 눈덮힌 환상적인 길

01. 경북 안동 낙동강 퇴계오솔길   256
02. 경북 안강 양동마을 돌담길   263
03. 경북 영주 수도리 물도리동   271
04. 강원도 횡계 대관령 양떼목장 눈꽃 트레킹   278
05. 강원도 고성 거진항 항구길   285
06. 강원도 영월 청령포 섬길   291
07. 전남 순천 송광사 광원암 편백숲, 대숲길   298
08. 부산시 해운대 달맞이고개~청사포 항구길   304
09. 부산시 해운대~부산항 바닷길   311

Part 01

봄길

벚꽃비 흩날리는 길

01. 섬진강 광양 다압리 매화마을 산책길
02. 경남 진해 벚꽃길
03. 경남 하동 화개동천 십 리 벚꽃길
04. 충남 아산 피나클랜드
05. 충남 금산 보곡산 산벚꽃길
06. 충북 옥천 금강길(금강유원지~청풍정)
07. 전북 능가산 내소사 전나무 숲길
08. 전남 구례 산동면 상위마을 산수유 꽃길
09. 경북 영덕 낙평마을, 지품마을 복사꽃길
10. 전남 여수 영취산 진달래 산행길
11. 경기도 양평 개군면, 이천 백사면 산수유마을
12. 강화도 고려산 진달래 산행길

01.
섬진강 광양 다압리 매화마을 산책길

매화를 보러 갔다가 꽃 대신 봄 햇살 가득한 섬진강만 보았네. 돌아오는 버스 안에서 창밖 풍경을 바라보다 잠이 들었지. 흰 꽃과 붉은 꽃이 가득 피어난 꽃밭에서 꽃보다 어여쁜 여인과 한바탕 놀다 꿈이 깼는데, 봄날 꿈도 참 요상하지! 아직도 꿈속 그 여인을 잊지 못하겠으니 말이야.

·· 3월, 지리산 자락의 하얀 매화를 찾아

  지리산 자락을 수놓으며 굽이굽이 흘러가는 섬진강을 따라가면 매화나무가 지천으로 심어져 있는 매화마을 나온다. 이 마을의 농가들은 산과 밭에 곡식 대신 매화나무를 심는데 매년 3월이 되어 매화꽃이 만개하면 마치 백설이 내린 듯, 또는 하얀 꽃구름이 골짜기에 내려앉은 듯 장관을 이룬다.

  섬진마을이나 섬진강에 붙는 '섬진(蟾津)'을 풀어쓰면 '두꺼비나루'가 된다. 즉, 섬진마을은 두꺼비나루가 있는 마을이고 섬진강은 두꺼비나루가 있는 강이란 뜻이다. 마을 이름에 '두꺼비'란 뜻이 붙은 데에는 흥미로운 전설이 얽혀 있다.

  고려 우왕이 통치하던 시절의 이야기다. 왜구가 강을 건너 이 지역을 침입하려 하자 8킬로미터나 떨어진 곳에서 살던 두꺼비 수십만 마리가 섬진마을나루에 몰려들어 큰소리로 울부짖었다. 그 엄청난 소리에 놀란 왜구는 감히 이 지역을 침범할 생각을 버리고 그대로 도망쳤다. 그 이전까지 모래내, 두치강 등으로 불리던 이 강은 그때부터 섬진강이라는 새로운 이름을 얻었다. 이 마을이 바로 매화로 유명한 다압면 도사리 매화마을이다.

·· 대한민국 최대 청정 매실지구, 청매실농원

차를 타고 몇 개의 굽이진 길을 지나는 동안 하얀 매화 꽃밭이 펼쳐진다. 꽃밭 어디를 둘러봐도 눈이 즐겁지 않은 곳이 없을 만큼 황홀경이다. 원래 천상의 꽃이었다가 봄을 인도하기 위해 지상으로 내려왔다는 매화가 가득 피니 그 아름다움이 오죽할까.

매실은 다른 꽃들이 겨울잠에서 깨어나기 전에 꽃이 피고, 여름 벌레들이 극성을 부리기 전에 수확할 수 있어 농약이 필요 없는 청정과일이다. 그러한 매실을 대량생산하기 위해 매화나무 집단재배를 전국에서 가장 먼저 시작한 데가 청매실농원이다. 그곳에는 칠십 년 된 고목 수백 그루를 포함한 매화나무단지가 조성되어 있으며, 매실식품을 만드는 데 쓰이는 전통옹기 이천여 개가 농원 뒤편 왕대숲과 함께 분위기를 돋운다. 또한 농원에서 내려다보는 섬진강 풍경도 일품이다.

청매실농원을 지나 꽃으로 뒤덮인 산에 오르니 길 초입을 지키고 있는 오래된 매화나무 둥치에 인근 마을 아주머니와 할머니들이 둘러앉아 봄나물이며 간식거리를 팔고 있다. 봄꽃 화사한 꽃그늘 아래에서 세월의 주름을 얼굴에 아로새긴 아주머니들이 꽃처럼 피어 옹성거린다.

나는 채반에 나물을 펼친 아주머니들에게 "꽃나무 아래 있으니 꽃같다"고 말을 건넸다. 아주머니의 주름진 얼굴에 살짝 미소가 일더니 "이거이 하나 가져가"라며 숨겨둔 보퉁이에서 뭔가를 꺼냈지만 나는 애써 거절하고 돌아섰다.

·· 매화꽃비 아래에서

눈길이 머무는 곳마다 하얀 매화꽃이 10만 평이 넘는 언덕을 가득 메우고 있다. 자연은 언제나 사람이 상상할 수 없는 조화를 보여준다. 우리는 자연이 만들어놓은 황홀한 봄풍경 속으로 들어갔다.

다압면에 처음으로 매화꽃이 핀 것은 일제강점기였던 1930년대 초반경이다. 율산 김오천 선생이 일본에서 광부로 일하다가 고국으로 돌아오면서 매실과 밤나무를 들여와 심은 것이 다압면 매화마을의 역사의 시작이다.

가지를 늘어뜨린 매화 그늘 아래에 서면 꽃향이 커튼처럼 주름지며 아래로 흐른다. 꽃터널 아래로 여유로운 발걸음을 옮기면서 매화에도 향이 있다는 것을 처음 알았다. 매화꽃밭을 계속 걸으며 조금씩 높은 언덕을 향한다. 꽃그늘 아래서 보았던 매화의 근경에서 눈을 돌려 먼 산을 바라보니 파란 하늘 아래 봄나물을 닮은 산천이 있고 그 아래 섬진강이 푸른빛을 머금고 잔잔하게 흐르고 있다. 강가 백사장이 햇볕을 반사하면서 꽃같이 흰빛을 낸다. 저 멀리 굽어보니 매화꽃밭에 안긴 마을이 한눈에 들어온다. 푸른 지붕과 붉은 지붕이 어우러져서 집들도 꽃처럼 자리를 틀고 앉았다.

언덕 위에서 바라보는 흰 꽃의 물결이 등성이 따라 골짜기마다 굽이친다. 꽃그늘 아래로 내려가지 못한 햇볕은 흰 꽃물결에 산산이 부서지면서 여행자의 눈에 보석처럼 박힌다.

언덕을 돌아 내려오는 길에 수백 개의 장독대가 나란히 놓여 있는 것이 눈에 띈다. 대숲에서 이는 서늘한 바람이 언덕을 타고 장독대까지 내려가고 봄햇살이 장독대가 있는 마당에 가득하다. 봄햇살 아지랑이가 떨어지는 꽃잎을 떠받치는지 그 모양이 마치 하얀 나비와도 같다.

광양 다압면 매실마을의 장독.

매화마을과 섬진강 풍경.

화개장터~쌍계사 입구 벚꽃길.

주변 여행지	화개장터, 쌍계사, 화엄사
가는 길	**내비게이션 검색_** 전라남도 광양시 다압면 도사리 414 **자가용** • 남해고속도로(순천 방면) → 옥곡IC → 861번지방도로(2번 국도) → 다압면 도사리 **대중교통** • 서울남부터미널 → 광양터미널(오전 7시 20분~오후 7시 5분까지 6회 운행), 광양시외버스터미널(광양읍지구대 앞) → 다압면(오후 5시 40분까지 네 번에 걸쳐 운행) • 서울남부터미널 → 하동 행 버스(오전 7시 30분~오후 7시 30분까지 두 시간 간격. 하동버스터미널에서 오전 7시 50분부터 오후 7시 40분까지 다압면 가는 버스 운행)
걷기여행 100배 즐기기	• 다압면에는 크고 작은 매실농원들이 많다. 그중 가장 유명한 곳이 청매실농원이다. 농원이 산기슭에 있어서 비탈길을 올라가야 하니 편안한 신발을 준비하는 것이 좋다. • 섬진마을에서 매화꽃 피는 3월마다 매화축제가 열린다. • 매화농원에 가면 각종 매실 음식을 맛볼 수 있다.
산책 코스 및 소요시간	다압면 매화마을과 청매실농원 섬진강가 다압리 매화꽃밭을 다 누비려면 반나절도 모자란다. 청매실농원만 돌아본다면 1시간 정도 걸린다. 인근 다른 매화농장까지 보려면 반나절 이상 시간을 내야 한다.

02. 경남 진해 벚꽃길

진해 벚꽃은 한마디로 '황홀한 봄'의 향연을 연출한다. 마산, 창원에서 진해로 들어가는 진입로와 그 좌우의 산들, 시내 길가는 물론이고 공원, 조용한 주택가 작은 냇물, 기찻길 위로 벚꽃터널이 만들어진 경화역 등 도시 전체가 벚꽃으로 뒤덮였다. 소문으로 무성히 들었듯이 진해는 밤낮으로 사람들을 매혹시키는 벚꽃천지였다.

·· 벚꽃의 야상곡

4월 초순이면 봄꽃놀이를 시작한 지 한 달쯤 지날 무렵이다. 길에서 봄을 맞는 감흥이 시들해지고 있을 때 진해에서 벚꽃 소식이 들려왔다. 봄꽃의 편지를 늦게 확인했기에 길을 서둘렀다. 도착해보니 진해 중원로타리에서 폭죽이 터지고 불꽃놀이가 벌어지면서 축제가 한창이다. 공연이 열리는 무대 앞이나 먹을거리가 즐비한 음식골목에는 사람꽃이 피었다. 가로등 불빛에 빛나는 가로수벚꽃은 불꽃이나 폭죽보다 더 시선을 끈다.

진해를 뒤덮은 왕벚꽃나무가 만개하는 3월 말부터 4월 초까지 진해 전역에서 군항제가 열린다. 군항제의 시작은 1952년까지 거슬러 올라간다. 당시 진해 북원로타리에 충무공 이순신 장군의 동상을 세우면서 추모제를 거행했는데 그것이 진해 군항제의 모태가 된 것이다. 진해가 지금처럼 벚꽃의 도시가 된 것은 1960년대 초반부터이다.

사람들이 물결을 이루어 이리 밀리고 저리 쓸려간다. 거리 여기저기서 환호성이 터졌고, 카메라 플래시가 이곳저곳에서 번쩍인다. 축제에서 빠질 수 없는 것이 먹을거리다. 포장마차 거리로 들어섰더니 이집 저집에서 끓이고 볶아대는 음식냄새가 뒤섞여서 정체를 알 수 없는 향기가 거리를 떠돌고 있었다. 어떤 집에서는 가게 앞에다가 아예 통구이를 내걸고 있었다. 마음 내키는 집으로 그냥 들어가서 풋풋한 봄밤의 향기와 황홀한 축제의 불빛 아래 잔을 기울인다.

젊은이들이 삼삼오오 모여앉은 테이블에서 웃음꽃이 피어난다. 안주를 만드는 아주머니 등 뒤로 벚꽃잎이 스르르 떨어진다. 이 모든 풍경이 한 장의 그림에 담기는 순간 시간이 멈추어지는 듯했다. 그 속에서 벚꽃만이 흩날렸다.

·· 경화역, 벚꽃터널 아래 기찻길

　1926년부터 2006년까지 열차가 운행되었던 경화역. 이제 역의 제 기능은 멈췄지만 벚꽃과 어우러져 봄풍경의 하나로 새롭게 자리잡았다. 기찻길 위로 벚꽃이 만들어낸 터널 끝이 아득하다. 햇볕이 잎마다 부서지는 찬란한 꽃천지는 볼 수 없었지만 기찻길과 어우러진 아름드리 벚꽃나무들의 사열 앞에서 나는 또 다른 꽃천지를 보았다.

　오래된 나무껍질을 뚫고 새순이 돋았다. 무리를 지어 핀 굵은 가지의 꽃보다 가녀린 새잎이 마음을 끈다. 늘어진 벚꽃나무 가지가 사람 키만큼 드리운 철길이 아름다운 영화의 배경을 이룬다. 그 가지 아래로 자신들만의 영화를 찍는 사람들이 옹기종기 모여 있다. 저 멀리 기찻길과 벚꽃나무 터널이 만들어놓은 소실점 끝까지 걸었다.

·· 안민도로, 진해에서 창원으로 넘어가는 벚꽃길

　푸른 바탕에 흰 띠를 두른 산의 모습에 이끌려 산으로 향했다. 이곳이 바로 안민도로다. 진해에서 출발해 고개 정상 관문을 통과하면 창원이다. 산길 6킬

진해 경화역 기찻길 벚꽃 아래는 최고의 풍경을 연출한다.

로미터 정도가 다 벚꽃으로 덮여 있다. 도로 양쪽에 벚꽃나무가 심어져 있어 그 안쪽에서 바라보면 벚꽃터널길이 되지만 밖에서 보면 산 중턱에 하얀 선이 그어져 있는 것으로 보인다.

경화역 기찻길과 벚꽃이 만들어내는 풍경과는 또 다른 운치가 느껴진다. 도로를 따라 올라가다 보면 오른쪽으로 진해 시가지와 바다가 한눈에 들어온다. 그 길에는 전망대도 있고 쉬어 갈 수 있는 곳도 있다.

천천히 꽃걸음을 즐기고 있는 사이 나를 추월해가는 한 무리가 나타났다. 유니폼을 입은 자전거 동호회 사람들이 벚꽃터널 아래 오르막을 올라간다. 페달을 구르지 않으면 돌지 않는 바퀴를 가지고 한 번 구른 다리의 힘만큼 앞으로 나가는 자전거는 생(生)을 담고 있다. 그들은 꽃그늘 아래서도 쉬지 않고 계속 페달을 밟는다. 신록과 벚꽃이 어우러진 그 길에서 푸른 생을 찾으리라.

·· 여좌천, 냇물은 졸졸 꽃잎은 반짝

누가 상상했겠는가. 이렇게 조용한 주택가에 저렇게 꽃들이 피어 웅성대고 있을 줄을. 햇살을 가득 안고 있는 마을은 조용했다. 졸졸졸 흐르는 여좌천 냇물 위를 벚꽃이 뒤덮었다. 꽃잎을 통과한 파스텔톤의 햇볕이 시냇물에 닿아 물결마다 반짝거린다. 때로는 꽃잎이 냇물을 이루어 흐르는 것 같기도 하고 또 때로는 냇물이 흰 꽃을 피운 것 같기도 하다. 여좌천의 벚꽃길은 드라마〈로망스〉의 촬영지로도 유명하다.

멀리서 바라본 안민도로 벚꽃 띠.

진해와 창원을 연결하는 안민도로. 이 문만 통과하면 창원 땅이다.

　진해 벚꽃의 가장 큰 특징은 곳곳마다 그 분위기가 다르다는 것이다. 신록과 더불어 자리잡은 안민도로의 벚꽃이 거친 아름다움을 지녔다면, 여좌천 벚꽃은 마을과 어우러진 고즈넉한 아름다움을 가졌다.
　어디선가 영롱한 음악이 흘러나오는가 싶어서 근원지를 알아보니 군데군데 설치된 스피커에서 나오는 소리다. 이곳에 들르는 수많은 여행객들을 위한 깊은 배려다. 꽃비를 맞으며 거니는 발걸음이 점점 가벼워진다.

봄길

여잔천 벚꽃길

주변 여행지	안민도로, 여좌천, 경화역, 제황산공원

가는 길

내비게이션 검색_ 경상남도 진해시 진해역

자가용
- 대전통영고속도로 → 진주 → 남해고속도로 → 서마산IC → 2번 국도 → 진해

대중교통
- 강남고속버스터미널 → 마산고속버스터미널(수시 운행)
- 마산고속버스터미널 맞은편 → 진해행 직행버스(30~40분 소요)
- 서울남부터미널 → 진해(오전 7시~오후 8시까지 8회 운행)

걷기여행 100배 즐기기
- 벚꽃이 만발하는 3월말~4월초쯤 10여일에 걸쳐 군항제가 펼쳐진다.
- 진해시청 홈페이지(www.jinhae.go.kr)에서 축제 기간에 이용 가능한 주차장 정보를 볼 수 있다.
- 오후가 되면 차량이 정체되므로 되도록이면 오전 8시 이전에 도착해서 3시간 안에 둘러보고 나오는 것이 좋다.
- 안민도로 곳곳에 진해시와 바다를 전망할 수 있는 전망대가 있다.

산책 코스 및 소요시간

진해역 → 경화역 → 안민도로, 진해역 → 여좌천

경화역의 철길을 따라 쭉 걸으려면 최소한 30~40분 정도는 걸린다. 안민도로는 벚꽃길이 시작되는 곳부터 고갯마루 정상까지는 2시간 정도 여유를 두고 천천히 걷는다. 여좌천에서 벚꽃나무길을 걷거나 냇물을 건너는 작은 구름다리 위에 서서 꽃구경을 하다보면 시간의 흐름이 야속해진다. 이곳에서도 1시간 이상은 잡아야 한다.

03. 경남 하동 화개동천 십 리 벚꽃길

봄의 거친 숨소리가 들린다. 이 땅 곳곳에서 새 생명을 피워내는 분주한 봄의 발걸음이 산과 들과 물가에 울려 퍼진다. 탕탕탕 총성처럼 울리는 꽃망울 터지는 소리가 계곡을 타고 지리산 자락으로 오른다. 화개동천의 절정은 모든 생명이 피어나는 봄이다. 그곳의 봄은 거칠면서 아름답다.

·· 벚꽃비 흩날리는 길

　피어났을 때보다 오히려 지는 모습이 아름다운 꽃이 벚꽃 말고 또 있을까? 벚꽃은 활짝 피어 절정을 넘기면 꽃잎이 마르기 전에 떨어진다. 그것도 한 잎, 두 잎이 아니라 일제히 떨어지니 눈송이처럼 공중에 흩날리는 모습이 비 같기도 하고 눈 같기도 하다. 속도와 편리함으로 이뤄진 현대문명도 가녀린 꽃잎 한 장에 그 의미를 잃는다. 여행자들은 걸음을 멈추고 찬란히 떨어지는 벚꽃의 낙화에 눈길을 줄 수밖에 없으리라. 사람들은 무리지어 흩날리는 꽃잎을 따라 너울거리며 달려가거나 그 자리에 멈춰 고개를 젖히고 꽃눈을 맞는다. 황홀한 봄은 그렇게 완성된다.

·· 신선이 사는 꽃산천 화개동천

화개동천(花開洞天)은 신선이 사는 세계 혹은 산과 물에 둘러싸인 경치 좋은 곳이란 뜻의 '동천'과 꽃이 핀다는 뜻의 '화개'가 만나 만들어진 말이다. 즉, 산과 물로 둘러싸인 신선이 사는 마을에 꽃이 피어나 현실이 아닌 신선계를 만들어낸다는 뜻이다. 실제 보이는 경치보다 더 과장된 이름을 갖고 있거나, 그 풍경은 볼 만하되 거기에 어울리지 않는 이름을 갖고 있는 경우가 종종 있다. 하지만 이 지역은 화개동천이란 이름에 걸맞게 여행자의 마음을 움직이고 발길을 유혹하기에 충분하다.

하동에서 구례로 이어지는 도로는 섬진강과 나란히 달린다. 그 길에 벚꽃이 드리워져 있다. 해마다 봄이 되면 어림잡아 백 리쯤 되는 섬진강 길은 벚꽃으로 채워진다. 꽃과 강이 어우러지는 도로의 풍경은 속도의 유혹을 잠재우고 오가는 사람들은 모두 경치를 즐기는 여행자가 된다. 그 길을 계속 달리다 보면 화개장터가 나오는데 거기부터 화개동천이 시작된다.

화개동천의 절정은 벚꽃이 피는 봄이다. 지리산에서 내려온 계곡물이 냇물을 이루어 섬진강으로 흘러든다. 4~5킬로미터의 그 물길을 따라 아름드리 벚꽃나무들이 일제히 피운 꽃은 심해를 유영하는 형광의 생명체처럼 스스로 빛을 발산한다. 반짝이는 햇볕과 꽃의 빛이 어우러져 만드는 꽃터널 아래 서 있노라면 화개동천이란 말이 살아 있는 생명체처럼 다가온다.

벚꽃의 지는 모습이 유달리 아름다운 이유는 물기가 마르기 전에 꽃잎을 다 떨구며 가장 아름다운 순간을 지킬 줄 아는 독한 마음이 있어서리라. 그 풍경 속에 매혹되어 천천히 걷다가 이내 그 자리에 멈춰 선다.

·· 화개동천에는 꽃물이 흐른다

　꽃잎이 수놓은 도로 위를 걷는다. 꽃길을 걸어가다가 냇가로 내려가는 길을 만났다. 그 안에 발을 담갔더니 봄냇물이 생각보다 차갑다. 냇물 바닥에서 올려보는 꽃길의 풍경은 그 속에 있을 때와 또 다르다. 때 이른 탁족을 즐기며 주위를 천천히 둘러본다.

　꽃그늘 아래 차밭이 푸르다. 24절기 중 여섯 번째로 봄의 마지막을 알리는 곡우는 차나무에서 첫잎을 따는 시기와 비슷하다(곡우에 가뭄이 들면 그해 내내 땅이 마른다는 속설이 있다). 봄비를 기다리는 사람의 마음과 정성이 담긴 차밭이다. 이곳은 차가 처음 재배된 곳이기도 하다. 쌍계사 입구 근처에 차를 처음 재배했음을 알리는 비석과 차나무가 세워져 있다.

　차밭 건너편에는 이제 막 푸른 풀이 돋아난 들판이 층계를 이루며 펼쳐 있다. 꽃과 냇물, 들판이 만든 풍경은 이 땅에서 일제히 생명을 피워내는 봄의 거칠고 푸른 숨소리를 그대로 담고 있다.

　냇가를 벗어나 꽃그늘 아래 차려진 간이주막을 찾았다. 도심의 일상에 맞춰

정해진 밥 먹는 시간은 이미 지났고, 꽃에 취해 떠돌다 배고픔도 잊고 있었는데 꽃그늘 아래서 솔솔 피어나는 막걸리향이 여행자의 발걸음을 붙잡는다.

자리를 잡고 앉으니 꽃길에 절로 눈길이 간다. 보고 또 봐도 질리지 않는 아름다움이다. 그득하게 채운 잔 위로 바람 따라 날아든 꽃잎 한 장이 떨어지니 화주(花酒)가 따로 없다.

·· 물속에서 피는 꽃, 재첩

차를 돌려 섬진강가로 나갔다. 강물에 이는 은파금파의 만경에 눈길이 머문다. 섬진강 물결 위에 떠 있는 작은 배 한 척에 강바닥으로 무엇인가를 자꾸 담았다 건져 올리는 사람이 있다. 그는 재첩을 건져올리고 있었다. 그 싱싱한 재첩을 맛보는 생각만으로도 입안에 침이 고인다. 사람이 직접 강에 들어가 강바닥을 훑으며 재첩을 잡는 것이 아니라 배에서 기구를 사용해 건져 올린다. 햇살 부서지는 강과 배 위에서 재첩을 잡는 음영이 아른거리는 섬진강의 풍경은 고단한 일상보다는 낭만적인 풍경으로 남으리라.

재첩 우러난 뽀얀 국물과 벚꽃의 색이 닮았고 모양 또한 서로 비슷하다. 이렇게 닮은 점이 많은 재첩과 벚꽃은 섬진강을 따라 그 생태를 함께 한다. 화개동천의 절정인 벚꽃이 필 때쯤이면 섬진강 강바닥에도 재첩이 가득하다. 길에서는 꽃으로, 강에서는 재첩으로, 그즈음의 섬진강은 그렇게 사방에서 봄의 향기를 피워낸다. 강산이 모두 꽃으로 피어나 절정을 맞을 즈음이면 누구라도 화개동천의 길에 서볼 일이다.

장터에는 들과 산의 향기 머금은 봄나물이 가득하다.

화엄사 각황전

섬진강 재첩잡이

| 주변 여행지 | 화엄사, 지리산, 연곡사, 천은사 |

가는 길

내비게이션 검색_ 경상남도 하동군 화개면 탑리
자가용
- 남해고속도로 → 하동IC → 구례 방향 19번 국도 → 화개장터 방향

대중교통
- 남부터미널 → 화개터미널(오전 7시 30분부터 오후 7시 30분까지 2시간 간격)

걷기여행 100배 즐기기
- 화개장터에서 쌍계사 입구까지 냇물을 가운데 두고 벚꽃길이 이어지는데 왼쪽 길의 벚꽃이 훨씬 더 아름답다. 냇물이 맑으니 신발을 벗고 들어가 시원한 물놀이를 즐길 수도 있다.
- 벚꽃철에는 인파가 몰리기 때문에 화개장터 부근에 주차하고 산책길에 나서야 한다. 왕복 8km 정도 되는 거리니 여유를 갖고 움직이는 것이 좋다.
- 화개터미널과 화개장터는 가깝다. 화개장터에서 쌍계사로 이어지는 개울가 도로의 벚꽃이 아름답다.

산책 코스 및 소요시간

화개장터 → 10리 벚꽃길 → 쌍계사 입구

화개장터에서 시장기를 달래고 쌍계사 입구까지 벚꽃터널을 걷다보면 자연스럽게 발걸음이 멈춰질 수밖에 없다. 쉬다 걷다가를 반복하면서 여유 있는 꽃놀이를 즐긴다면 서너 시간 정도는 금세 지나갈 것이다.

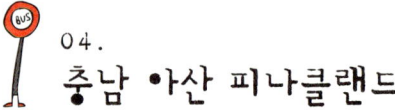

04.
충남 아산 피나클랜드

'사랑의 맹세'와 '첫사랑의 추억'이 떠오르는 라일락은 사랑의 꽃이다. 열병 같이 들끓는 사랑처럼 라일락 꽃잎은 순백으로 혹은 연보라빛으로 화르락 피어난다. 영원할 것 같던 사랑의 맹세가 추억으로 남아 피어난 라일락길에 서면 아련히 옛사랑이 떠오른다.

·· 제2의 외도 피나클랜드를 향해

향기는 추억의 매개체다. 숨을 통해 들고 나는 수천 수만 가지의 냄새 가운데 마음속 깊이 담아뒀던 추억의 길로 인도하는 향기를 느낀 사람들은 시간여행을 떠날 준비를 한다. 그중 아련한 첫키스에 관한 추억의 향으로 남아 있는 라일락 꽃길을 찾아 나섰다. 오랜만에 파란 하늘이 열려 화창한 4월의 봄날, 라일락꽃이 피기 시작했다는 충남 아산으로 향했다. 창밖으로 스며드는 봄볕에 잠깐 꿈여행을 떠났다가 깨어 보니 벌써 아산고속버스터미널이다.

터미널 앞에서 피나클랜드행 시내버스를 기다리는데 좀처럼 오지 않는다. 머리 위로 지나던 구름이 해를 한참 동안 가릴 때면 비라도 내려 꽃들이 문을 닫을까봐 걱정이 앞섰다. 마음이 급해진 나는 버스를 포기하고 택시를 탔다. 그렇게 서둘러 도착한 피나클랜드는 그야말로 온통 꽃천지였다.

·· 물과 빛, 바람의 정원

물, 빛, 바람을 주제로 하는 피나클랜드는 '산의 최정상, 최고봉'이라는 '피나클(Pinnacle)'의 의미를 지녔지만 아담하고 아기자기한 꽃동산이다. 이곳은 특히 입구의 가로수와 우아한 인공연못, 산 정상의 인공폭포 아래 시원한 휴식처, 2만 평 대지에 아기자기하게 가꾼 정원들과 사계절 내내 피어 있는 각종 꽃으로 유명하다.

피나클랜드로 떠나는 여행의 첫 관문은 메타세쿼이아와 은행나무가 길게 줄지어 선 진입로를 지나는 것이다. 아직은 나무들이 높지 않지만 몇 년만 지나면 깊은 초록 터널을 연출할 것이다. 매표소를 지나 처음 보이는 하얀 건물이 이채

롭다. 구불구불 곡선으로 이어진 2, 3층 높이의 나지막한 건물은 식당이다. 건물 앞 꽃으로 둘러싸인 아담한 연못에 빙빙 돌아가는 다섯 개의 둥그런 바람개비는 일본의 미술가 신구 스스무(新宮晋)의 작품이다.

정문을 지나고 왼쪽편에 아담하고 예쁜 집이 나오는데 나무에 색을 칠하고 작은 부재료를 덧대어 공예품을 완성하는 수공예체험장이다. 이곳에서 간단한 공예체험을 할 수 있으며 체험장 앞의 커다란 느티나무 그늘은 여행자들의 쉼터다.

·· **라일락 꽃길을 걸으며**

연못을 끼고 오른쪽으로 돌아 들어가면서 본격적인 정원 산책이 시작된다. 2,000평의 너른 잔디밭이 완만한 경사를 이루어 펼쳐진다. 졸졸 흐르는 시냇물을 따라 잔디밭 한쪽으로 기린, 하마 등 동물과 천진난만한 어린이 모습의 조각들이 한데 모여 있다. 여행자들의 카메라 셔터가 마구 터진다.

　잔디밭 위쪽에는 동물농장이다. 산양 십여 마리가 한가로이 풀을 뜯고 있다. 방문객들은 우리 한쪽 건초 수레에 놓인 풀을 산양에게 먹일 수 있다. 길을 따라 좀 더 오르면 닭과 장미의 오묘한 조화가 돋보이는 공간인 치킨앤로즈가든이 나온다. 은계, 금계 등이 사는 닭장 주변을 장식하고 있는 건 우거진 장미 넝쿨이다.
　발걸음을 옮기니 여러 갈래의 꽃길이 나온다. 라일락길부터 걷기로 했다.

100미터나 되는 라일락길의 끝이 보이지 않는다. 바닥에는 자갈이 깔렸고 둘이 걷기에 적당한 너비다. 피지 않은 꽃들은 새침한 모습 그대로, 피어난 꽃들은 은은하고 달콤한 향기를 머금고 라일락꽃길을 만들고 있다.

라일락길 건너편 윈드밀가든을 지나자 공원의 랜드마크인 '태양의 인사'가 공원의 중턱에 자리잡고 있다. 역시 신구 스스무의 작품으로 거대한 은색 바람개비가 바람의 강약에 맞춰 날렵하게 움직이며 춤을 춘다. 바람개비 옆의 레인보우가든에는 빨간 꽃과 어울리는 앙증맞은 조형물과, 지친 다리를 쉬고 목을 축일 수 있는 곳이 나온다.

·· 물의 정원, 워터가든

태양의 인사 너머 윗길로 작은 연못 위에 나무로 길을 만들어 연못 중간까지 들어가게 만든 워터가든이 있다. 산책로를 따라가다보면 둥근 모양의 화장실 건물이 나오는데 이 건물의 진가는 옥상에 올라보면 알 수 있다. 인공연못을 만들고, 그 연못 가운데에 나무 산책로를 놓았다. 산책로에 금속풍경 수백 개가 매달려 바람이 부는 것에 따라 아름다운 소리를 낸다. 태양의 인사가 바람을 그려내는 붓이라면 이곳의 풍경은 바람의 소리를 들려주는 악기다.

수련의 꽃잎과 창포와 물풀들 옆으로 밝고 명랑한 소리가 들린다. 물위에 놓은 나무길 난간에 매달린 작은 파이프들이 바람에 움직여 부딪히며 내는 공명의 소리다. 살짝 불어가는 바람을 따라 은은하고 맑은 소리가 물위에 내려앉고, 머리카락을 헝클어 놓는 바람이 불자 긴장감 높은 고음이 활기차게 울려 퍼진다. 그 소리가 온전하게 작은 연못 아래로 떨어졌다가 수면을 스치며 튀어올라 여행자의 귓가에서 맴돌았다. 절집 추녀에 매달린 풍경이 가을의 소리를 닮았다면 이곳을 떠도는 울림은 봄을 닮았다.

흔들리는 바람의 악기가 물위에 놓인 나무길 난간에 매달려 있다. 바람이 연못 물결로 보이고 수백 개의 파이프가 부딪히는 소리로 들린다. 흙냄새, 풀냄새, 꽃향기 맡으면서 숨 쉬다가 팔 벌려 안으면 겨드랑이 사이로 스치고 손으로 모으면 손가락에 감겼다 풀린다.

떠도는 바람을 따라 시선을 높이 올리면 작은 폭포가 있는 진경산수가 보인다. 돌을 캐낸 뒤 내팽개쳐진 석산을 인공폭포와 연못으로 조경한 곳에 인공폭포수가 쉴 새 없이 흐르고 있다. 폭포 옆 작은 언덕에 설치된 스프링클러들이 작동하며 내뿜는 물보라가 만드는 풍경 또한 시선을 떼기 쉽지 않다.

·· 바위 테마정원 진경산수와 전망대길

피나클랜드 정상에는 기괴한 바위산이 솟아 있다. 예전 채석장일 때 돌을 깎아낸 바위의 모습 그대로를 살려 테마정원을 꾸며놓은 것이다. 바위에 이끼옷을 입히고 물을 끌어올려 폭포인 '진경산수'를 만들었는데 바위 앞의 작은 연못에는 팔뚝만한 물고기들이 유영하고 있다.

정원 바로 옆에 만들어진 전망대에 오르니 너른 평야와 아산방조제와 서해대교가 한눈에 들어온다. 그 풍경을 편하게 바라볼 수 있는 의자가 하나 있다. 아무도 없는 의자가 따듯해 보였다.

피나클랜드 정상에서 바라본 전경.

주변 여행지   외암리민속마을, 삽교호 관광지, 평택항, 아산만방조제

가는 길   **내비게이션 검색_** 충청남도 아산시 영인면 월선리 45-2
자가용
- 서해안고속도로 → 서평택IC → 사거리에서 좌회전 → 아산만방조제 → 공세리교차로 → 온양·천안 방면 직진 → 월선교차로 우회전 → 피나클랜드
- 경부고속도로 → 천안IC → 아산 → 39번 국도 아산만방조제 방향 → 영인산 휴양림과 만남의 광장 → 월선교차로에서 좌회전

대중교통
- 강남고속버스터미널 경부선 → 아산고속터미널(오전 6시 5분부터 오후 7시 30분까지 매시간 5분, 30분 출발, 약 1시간 30분 소요. 오후 8시, 오후 9시 5분 차도 있음)
- 아산고속버스터미널 앞 → 시내버스 정류장(건널목을 건너 왼쪽으로 조금 내려가면 있다) → 600번이나 610번 버스(약 1시간 간격) → 모원리에서 하차 → 굴다리 지나 왼쪽 길로 4~5분 정도 → 피나클랜드

걷기여행 100배 즐기기
- 공예체험장이 있어 아이들과 함께 체험학습을 하기에 좋으며, 아기자기한 테마 소공원들이 언덕길에 펼쳐져 있어 길 어디에서든 쉴 수 있다.
- 메타세쿼이아 진입로와 주제별 정원과 잔디광장, 허브농장과 라일락길 등 곳곳에 테마 꽃밭과 산책로들이 많다. 하지만 꽃과 초록의 정원을 볼 수 없는 겨울에는 구경거리가 거의 없으므로 봄이나 여름에 가는 것이 좋다.
- 피나클랜드 입장요금: 어린이 3,000원, 청소년 4,000원, 어른 5,000원. 오후 5시 이후에는 50% 할인해준다.

산책 코스 및 소요시간   메타세쿼이아 진입로 → 라일락 꽃길 → 워터가든 → 진경산수 → 전망대

피나클랜드 전체를 걷는 데 약 40분 정도 걸린다.

05. 충남 금산 보곡산 산벚꽃길

손때 묻은 원색의 봄에 익숙해진 눈을 씻는다. 한 줌 햇볕을 머금고 스스로 빛을 발산하는 것은 꽃과 신록만이 아니었다. 숲을 뒤덮고 있는 공기마저 이곳에서는 제 빛을 찾는다. 신록과 희고 붉은 산천은 자연이 선물하는 향연이다.

·· 산 따라 꽃 따라 고운 님 오시네

봄은 완강하게 산천을 움켜쥐고 있었다. 발밑 흙부터 멀리 보이는 산등성이에서까지 완전한 봄을 느낄 수 있다. 바람에 흙냄새, 풀향기가 배어나고 길가에 햇살이 곤추섰다. 해그림자 짧은 오후의 발걸음이 땀에 젖는다.

동구나무 아래 차를 세우고 마을로 들어가니 졸졸졸 시냇물 흐르는 소리가 들린다. 보곡산 마을은 내 고향 마을의 옛 모습과 닮았다. 지금도 도랑에 남아 있는 빨래터가 참으로 반갑다. 물가에 개나리가 화르락 피어 있고 물위로 오리 몇 마리가 꽥꽥 거린다. 녀석들도 꽃마중 나왔나보다. 아주머니 한 분이 빨래를 하고 있다. 보곡산 꽃구경을 하러 산으로 가는 방법을 물으니 왔던 길로 다시 나가서 왼쪽 산으로 올라가면 된다고 친절히도 일러주신다.

·· 봄은 강하다

금산군 보곡산골 산꽃단지를 가면 다양한 산꽃을 만날 수 있다. 사람들의 손때를 타지 않은 자생 산꽃들이 700헥타르의 군락을 이루며 일대 장관을 연출하고 있다.

보곡산 아랫마을

금산 곳곳에서 볼 수 있는 꽃밭엔 산딸나무와 조팝나무, 진달래, 생강나무, 국수나무, 병꽃나무 등이 어우러져 봄을 실감케 한다. 또 총각정, 보이네요 정자, 산꽃세상 정자, 봄처녀 정자, 자진뱅이 마을로 이어지는 길은 드라이브를 하며 봄을 만끽하기에도 안성맞춤이고 꽃비를 맞으며 산책로를 걷는 것만으로도 봄의 정취를 충분히 느낄 수 있다.

산으로 들어가는 길은 아직 포장되지 않아 흙과 돌들로 덮여 있다. 산벚꽃 축제 기간에는 차량 출입은 통제하므로 주차장에 차를 세우고 걸어야 한다. 축제기간이 아닌 경우에는 차를 타고 갈 수 있다. 흙먼지 풀풀 날리는 굽이길을 천천히 달린다. 신록 사이사이에 서 있는 산벚꽃의 모양새가 폭죽이 터지는 것 같다. 신록과 산벚꽃은 그렇게 어우러져 봄산을 물들이고 있다.

산등성이에 나무들이 촘촘하게 서 있다. 화사한 꽃색보다 푸르른 신록이 마음을 사로잡는다. 신록이 가득 스며 있는 나무가 햇빛을 받아 금방이라도 연둣빛 물방울을 떨어뜨릴 것 같이 아슬아슬해 보인다. 먼 데서 불어오는 바람에 새잎이 하늘거릴 때는 향긋한 향기를 머금은 봄처녀의 머릿결이 얼굴을 스치는 것 같다. 보고만 있어도 가슴이 간질거린다.

더 깊은 산으로 끝없이 이어진 길에 홀린 듯이 빠져들었다. 지나온 풍경을 돌아보니 이번에는 자연이 여행자의 발걸음을 따라오고 있었다. 봄이 블랙홀처럼 풍경 안의 모든 것들을 빨아들인다.

골짜기를 돌아 오르막길을 올라가고 있는데 멀리 능선의 푸른 성벽이 한눈에 들어온다. 능선을 따라 사열하고 있는 나무들이 생명의 빛을 발산하고 있다. 새잎의 빛이 저렇게 강렬할 줄이야! 신록이 쌓은 봄의 성벽은 장엄하고 그 앞에

선 나는 아주 작고도 작은 존재였다. 봄은 그 어떤 것에도 허물어지지 않는 생명의 빛을 간직하고 있었다.

·· 자연의 향연

굽이굽이 돌아 올라오니 어느덧 팔각정이 있는 높은 곳에 도착했다. 지나온 길이 한눈에 들어온다. 앞으로 가야 할 길도 저 아래에서 물처럼 흐른다. 산 앞에 산이고 산 뒤에도 산이다. 그 사이사이를 구불거리며 자리잡은 길이 풀어놓은 실타래와 같다.

손때 묻은 원색의 봄에 익숙해진 눈을 씻는다. 한 줌 햇볕을 발산하는 것은 꽃과 신록만이 아니었다. 숲도 그랬고 숲을 뒤덮고 있는 공기도 이곳에서는 제 빛을 찾는다. 보곡산 산천은 자연이 사람들에게 선물하는 향연이다.

이제 내리막길이다. 돌아가는 길이 아쉽다. 마른 봄계곡과 흙먼지 풀풀 날리는 황량한 산길, 그곳에 피어난 꽃과 신록의 물결은 거칠면서도 아름다운 봄을 만들고 있다. 어느 곳에서도 만나보지 못한 색다름이다.

익숙해질 때도 됐는데, 돌아가는 길 풍경이 아직도 낯설다. 계곡은 앙상한 속내를 다 내보이고, 돌산 절벽이 눈앞을 가로막는다. 절벽은 길을 내주고 생명의 씨를 뿌려 꽃을 피우고 연둣빛 새잎을 허락했다. 뽀얀 꽃과 푸르른 잎을 앞세워 계곡을 따라 올라온 봄을 맞이하고 모두 함께 어울어져 잔치를 열었다.

절벽에 핀 꽃은 보곡산이 나에게 주는 또 다른 선물이다. 절벽에 난 길을 따라 차를 달리다가 손 내밀면 닿을 것 같은 절벽꽃 앞에서 차를 멈췄다. 고개를 젖혀 절벽 꼭대기를 바라보니 하늘은 강이 되고 구름은 강물 위에 흐르는 꽃무리가 된다. 하늘에도 땅에도 봄이 스미지 않은 곳이 없다. 절벽에 핀 꽃 앞에서 나는 그렇게 한참을 서 있었다.

·· 그렇게 봄을 안고 있었다

길은 몇 개의 산을 돌아 다시 마을로 이어진다. 봄물을 흠뻑 머금은 여행자는 차창으로 들어오는 흙먼지 따위는 아랑곳하지 않는다. 오후의 게으른 햇살이 마을에 내려앉아 있다. 도랑의 오리떼가 우스꽝스러운 모습으로 지나가는 차를 바라본다. 처음 도착했던 동구나무 아래 차를 세우고 마을로 다시 걸어 들어갔다.

그림자는 길어졌고 개나리에 내려앉았던 강렬한 햇볕도 은은해졌다. 오래된 집 흙벽에 붉은 빛은 아직도 남아 있다. 거리를 지나던 개 한 마리가 하품을 하며 기지개를 켠다. 햇볕 고인 봄날 오후의 나른함이 몰려든다. 지나가는 바람에 흔들리는 풀잎에서 밥상 위의 봄나물 향기가 나는 것 같다. 갑자기 배가 고파졌다.

봄길

| 주변 여행지 | 서대산, 옥천 장용산 자연휴양림, 적벽강 |

가는 길

내비게이션 검색_ 충청남도 금산 군북면 산안리 보곡산

자 가 용
- 대전통영고속도로 → 추부IC 우회전 → 시내버스 승강장에서 우회전 → 굴다리에서 좌회전 → 601번 지방도로 진입 → 농협을 지나 사거리 좌회전 → 면사무소를 지나 계속 직진 → 산안2리

대중교통
- 강남고속버스터미널 → 금산시외터미널(오전 6시 30분~오후 6시 30분까지 8회 운행), 시내버스 정류장에서 보곡산 꽃축제 마을행 버스 이용

걷기여행 100배 즐기기

- 9~10km 정도 임도 산길을 걸어야 하니 편안한 신발과 복장 물 한 병 정도는 미리 준비하자. 걷는 길에 그늘도 없으니 햇볕 차단에 필요한 모자도 챙기면 좋다.
- 매년 4월 20일쯤 열리는 '금산군 4대 축제'인 비단골 산꽃축제와 금산인삼축제, 장동달맞이축제에서 산꽃과 어울리는 다양한 이벤트를 만날 수 있다.
- 축제기간이 아니면 임도를 따라 차를 타고 돌아보면서 전망 좋은 곳에 차를 세우고 경치를 즐길 수도 있다.

산책 코스 및 소요시간

보곡산 → 임도 산길

보곡산에 피어난 산벚꽃은 걸어서 보기 힘들다. 차를 타고 경치 좋은 곳마다 쉬면서 돌아보면 1시간 정도 걸린다. 산굽이 길을 돌면서 몸으로 직접 신록과 들꽃의 기운을 느끼려면 반나절 정도는 잡아야 한다. 아기자기한 산세와 눈 돌리는 곳마다 피어난 들꽃과 산등성이의 신록, 바위절벽의 기암 등이 끊임없이 나오는 길에 흠뻑 취하게 될 것이다.

06. 충북 옥천 금강길(금강유원지~청풍정)

추억도 사라지고 변할 대로 변한 세상 뒤에서 옛 모습 간직하며 스스로 새로운 생명을 피워내는 곳, 그저 머무는 것만으로도 휴식이 되는, 꿈으로 흐르는 물길, 옥천 금강기행.

·· 꿈으로 흐르는 강

　경부고속도로 금강IC로 들어가자마자 바로 휴게소가 나온다. 화장실 통유리 건너로 금강과 산의 푸른 풍경이 펼쳐진다. 화장실에서 보는 풍경도 이런데 휴게소 카페 야외테이블에 앉아서 바라보는 금강의 풍경은 어떠랴.
　금강유원지의 푸른 물위로 오리배가 떠다니고, 쾌속으로 물살을 가르는 모터보트를 타는 관광객들의 모습도 보인다. 모터보트가 금강의 푸른 물을 속 시원하게 가르며 질주한다. 경치를 즐기고, 음식이며 술을 즐길 수 있는 강가의 이동식 식당에도 사람들로 분주하다.

·· 금강의 명물, 도리뱅뱅이마을

　휴게소에서 고속도로로 가는 길 말고도 굴다리와 국도로 나가는 두 개의 길이 더 있다. 국도 방향 말고 굴다리를 통과해서 도리뱅뱅이마을로 들어간다. 도리뱅뱅이란 피라미를 잡아 배를 따고 내장을 발라낸 뒤 기름에 튀겨서 만드는 요리다. 고추장 양념을 발라 손님상에 내는데 보기에도 좋고 먹기도 좋다. 기름에 바싹 튀겼기 때문에 고소하고, 매콤한 양념 맛 때문에 느끼하지 않다.

　이곳이 도리뱅뱅이마을이 된 것은 1970년부터다. 고속도로가 생기기 전, 잠수낚시 전문가들이 금강에 들러서 마을사람들에게 물고기를 먹을 수 있는 다양한 요리법을 가르쳐줬다고 한다. 그중 하나가 도리뱅뱅이를 만드는 법이다. 그 전에는 강에 사는 물고기를 잡아서 요리한다는 생각은 한번도 해보지 못했던 것이다. 때마침 경부고속도로가 생기고 금강휴게소가 생기면서 경치 좋은 곳을 찾아드는 사람이 하루에 수천 명이 넘었다. 마을사람들은 그런 여행객들을 상

금강의 명물, 도리뱅뱅이.

대로 도리뱅뱅이를 만들어 팔았고, 금강휴게소 아래 유원지의 풍광과 함께 새로운 명물로 자리 잡게 됐다.

·· 오지 아닌 오지마을, '높은벌'

도리뱅뱅이로 시장기를 없애고 금강기행을 본격적으로 시작했다. 금강유원지 물을 막아놓은 보를 통해 강을 건너자마자 왼쪽으로 이어지는 길을 따라 강가의 오후 햇살을 받으며 풍광을 즐겼다. 잠시 후 높은 다리 아래를 지나서 첫 번째 나오는 오른쪽 샛길을 따라 산으로 올라가니 고당리, 일명 '높은벌'이라고 불리는 마을이 나왔다.

열 가구가 채 안 되는 높은벌 마을은 산중턱보다 더 높은 곳에 자리잡고 있다. 좁고 가파른 오르막길을 오르니 금강이 발아래 펼쳐진다. 산골짜기에 밭 일구며 사는 이곳은 옻이 꽤나 유명하다. 이곳 사람들은 옻나무에서 나오는 순과 껍질진액 등으로 생계를 유지하고 있다. 마을 뒷산에 옻나무와 참가죽나무가 아직도 많다. 해마다 봄이면 옻새순을 따서 큰 시장에 내다판다. 얼마 전만 해도 4킬로그램 정도면 5만원 정도 돈이 됐다. 몇 해 걸러 한 번씩 옻나무진액과 옻나무껍질도 내다 판다. 참가죽나무의 순도 밥상에 오르는 진귀한 나물반찬이라서 심심치 않게 팔린다.

이 마을에 옻나무가 많다는 사실이 알려지자 봄이 되면 외지 사람들이 찾아오곤 했었는데, 몸이 민감한 몇몇 사람은 옻이 올라 고생한 적도 있다고 한다. 마을아저씨 말로는 옛날에 외지사람들은 이 마을 물만 먹어도 옻이 올랐단다.

·· 늘 푸른 청마초등학교

마을에서 내려와 가던 방향으로 차를 달렸다. 해가 지는 금강은 고향 같다. 누런 황소가 강가 둑에서 한가로이 풀을 뜯고 있고, 강에는 천렵 나온 아저씨들이 몇몇 보인다. 산그림자가 강으로 눕고, 황금색 햇빛이 강을 붉게 물들인다. 이제는 사람의 손때를 벗어난 자연이다.

물살 거칠어지는 여울목에 다리가 하나 놓여 있다. 다리를 건너 오른쪽으로 길을 따르니 청마 초등학교가 나왔다. 담도 없고 교문도 없는 학교에서는 이제 더 이상 재잘거리는 아이들의 목소리를 들을 수 없다. 하지만 여전히 이곳에 서

산의 칠부능선에 자리 잡은 금강가 높은벌 마을.

이 다리만 건너면 지금은 폐교가 된 청마초등학교가 나온다.

면 숨을 쉬는 것만으로도 푸르러지는 느낌이다.

    운동장 이곳저곳에 풀포기가 성기게 자라났다. 울타리가 있었을 법한 곳에는 커다란 활엽수가 우두커니 서 있고 학교 건물 뒷마당은 바로 산으로 이어진다. 운동장 한쪽에 있는 큰 나뭇가지에 자가용 타이어로 만든 그네가 매달려 있다. 아이들의 웃음소리 떠난 운동장에 홀로 자리잡고 저녁 어스름에도 움직이지 않는 그네가 쓸쓸해 보인다.

·· 독락정, 기쁨도 숨길 줄 알았던 마음

    다시 큰 도로로 나와 길을 달린다. 멀리 있는 절벽 아래 물 가운데 사람이 하나 서 있는 것이 보인다. 해는 지고 강물 위에 붉은 노을이 번지는데도 아랑곳하지 않고 그는 작은 움직임도 없이 그냥 그대로 서 있다. 떠나온 곳으로 돌아갈 생각이 없는지 아니면 낚싯줄을 강물에 맡긴 채 물고기를 낚는 것인지 그것

도 아니면 흐르는 강물을 바라보며 생각에 골몰하고 있는 것인지 알 길이 없다. 멀리 있어 흐려진 산 위로 붉은 해가 떨어진다. 그 사람과 더불어서 한참 동안 멈춰 있던 나는 어둠이 내는 길을 따라 사람 사는 마을로 들어섰다.

안남 면소재지로 들어가니 금강이 한눈에 내려다보이는 독락정(獨樂亭)이 보인다. 관심 있게 보지 않으면 그냥 지나칠 법한 초라한 기와집 하나, 그곳이 바로 독락정이다. '홀로 즐거운 정자'에 내가 관심을 기울이게 된 것은 '홀로 즐겁다'라는 말 속에 깃들어 있듯이 기쁨도 숨길 줄 알았던 옛 선비들의 미덕을 깨우치고부터다.

내가 즐거울 때 고통 받고 있는 사람이 있을 것이고, 나의 즐거움이 그에게는 소용없는 일일 수밖에 없다면 위로가 되기는커녕 독이 될 수도 있다는 옛사람들의 세심함을 담은 이름이 아니겠는가. 혼자 있어도 부끄러운 일을 하지 않는다는 신독(愼獨)의 개념이 기쁘고 행복한 마음을 다스리는 일까지 확대된 것이다. 독락정 앞에는 청보리가 바람을 안고 넘실대고, 더 멀리에는 산그림자 안고 흐르는 금강의 물이 유유자적 흐른다.

·· **대청호 절벽 위, 청풍정**

길을 따라 가다보면 인포삼거리가 나온다. 그곳에서 길은 보은과 옥천으로 갈라진다. 좌회전 하면 옥천으로 가는 길이 나온다. 그 길에 장계관광지가 있고 금강이 바라보이는 경치 좋은 곳에 식당도 있다.

장계관광지 또한 '물위의 놀이동산'이라 불렸던 곳이다. 지금은 세월 따라 놀이동산도 퇴락했지만 여전히 인근 아이들이 즐겨 찾는 곳이다. 대청호와 산

봄길

독락정.

독락정에서 바라본 금강 풍경.

이 만들어낸 풍경을 즐기며 다양한 놀이시설을 탈 수 있다. 사계절 썰매장과 롤러코스트, 풍차모양의 대형 바퀴가 360도 회전하며 하늘과 땅을 번갈아 오가는 꽤 커다란 놀이시설 뿐만 아니라 방갈로와 텐트장이 있어 야영도 할 수 있다.

장계관광지 입구 맞은편으로 나 있는 좁은 길을 따라 계속 들어가다 보면 대청호가 한눈에 보이는 전망 좋은 식당이 하나 나온다. 자연 속에서 여유 있는 휴식과 함께 식사를 즐길만한 곳으로는 안성맞춤이다.

다시 큰길로 나와 37번 국도 옥천 방향으로 가다보면 길 오른쪽으로 청풍정·석호리 가는 샛길이 나온다. 그 길은 다시 두 갈래로 나눠지는데 오른쪽 길이 청풍정으로 가는 길이다. 구불거리는 산길을 달리다보면 산기슭에 대청호를 바라보며 서 있는 기와집 한 채가 나오는데, 그곳이 청풍정이다.

청풍정.

'뿌리깊은나무'의 푸짐한 장국밥.

청풍정은 갑신정변을 주도한 김옥균이 자신의 뜻을 이루지 못하고 옥천으로 내려와 은거했던 곳이다. 청풍정이 서 있는 곳이 대청호의 수위 때문에 그저 산기슭처럼 보이지만 댐이 없었다면 꽤 높은 절벽이었을 것이다.

청풍정 아래로 온통 절벽이고 푸른 물이다. 뜰 앞 풀밭에 서면 물길의 나이테가 남아 있는 모래톱이 보이고 군데군데 작은 섬들도 떠 있다. 물이 깊어 산그림자가 다 파묻혔는데, 그 위로 물새 한 마리가 물을 차고 날아오른다. 동심원을 그리는 파문에 물위에 비친 산그림자가 너울거린다.

대청호의 물그림자.

| 주변 여행지 | 정지용 생가, 장용산자연휴양림 |

가는 길

내비게이션 검색_ 충청북도 옥천군 동이면 조령리

자가용
- 경부고속도로 → 금강IC → 금강유원지 → 금강건너 좌회전 → 안남·동이방면 좌측 → 575번 지방도로 → 안남면 독락정 → 장계관광지 → 청풍정

대중교통
- 동서울버스터미널 → 옥천행 버스(오전 10시, 오후 12시, 오후 2시, 오후 6시)
- 서울역에서 옥천역까지 오전 6시 15분부터 오후 7시 40분까지 14회 운행

걷기여행 100배 즐기기
- 도리뱅뱅이를 먹지 않고서 금강을 다녀왔다 말할 수 없으니 금강IC휴게소 건물 맞은편 마을에서 꼭 먹기를 권한다.
- 금강유원지에서 모터보트를 탈 수 있다. 청마리를 지나 독락정으로 가는 길 위의 강에서 낚시를 즐기는 것도 좋겠다.
- 장계관광지에서 옥천시내로 들어가는 길 곳곳에 벚꽃길이 조성되어 있다.
- 읍내에 시인 정지용의 생가가 있으니 쉬엄쉬엄 들러보면 좋다. 근처에 한옥민박을 할 수 있는 '춘추민속관'이 있다.

산책 코스 및 소요시간

도리뱅뱅이마을 → 금강유원지 → 높은벌 마을 → 청마리 폐교 → 독락정 → 장계관광지 → 청풍정

경부고속도로의 금강휴게소에서 도리뱅뱅이를 먹고 금강유원지로 나와 자동차를 타고 순서대로 코스를 돌아보는 데 3시간 정도 잡으면 된다. 마음에 드는 곳은 차에서 내려 걷는 것이 좋다.

전북 능가산 내소사 전나무 숲길

07.

내소사 전나무 숲길을 걷다보면 침엽수림에서 뿜어 나오는 초록색 향에 몸이 젖는다. 푹신한 흙길 때문에 발걸음은 점점 느려진다. 속도와 편리의 세상 속에서 느끼지 못했던 풍요로움이 가슴에 들어차고 전나무숲의 기운이 온몸으로 흡수된다. 가슴과 함께 마음마저 푸르게 물든다.

·· 모든 것이 소생하게 하소서

내소사 입구 주차장이 종점인 버스에서 내려 느린 걸음으로 십여 분 정도 걸으니 내소사 일주문이 나온다.

내소사는 부안군 진서면 관음봉 아래에 있는데 관음봉을 능가산이라고도 부르는 까닭에 보통 '능가산 내소사'라고 불린다. 내소사는 백제 무왕 34년(633) 혜구두타 스님에 의해 '소래사'라는 이름으로 창건된 고찰이다. 내소사의 일주문을 들어서면서부터 약 400여 미터 구간에 길게 이어져 있는 전나무 숲길에 퍼져 있는 침엽수 특유의 향내음은 속세의 찌든 때를 씻어내기에 적격이다. 또한 사계절 내내 푸르르고 경내에 들어가기 전에 마음을 가다듬을 수 있어서 사

색하기에도 더없이 좋다. 곧게 뻗은 전나무들이 쫙 늘어선 모습이 장관이다. 이러한 내소사의 전나무 숲길은 몸과 영혼을 정화시켜주는 공간으로 들어가는 통로이자 비속과 속세를 나누는 공간이다.

·· 내소사 대웅보전의 꽃문살

의식을 치르듯 경건한 발걸음으로 숲길을 빠져나오자 내소사가 보인다. 오래된 느티나무와 벚꽃이 흐드러지게 핀 벚꽃나무가 나란히 여행자를 맞이한다. 오래된 나무에 피어난 신록은 마음에 더 절절하게 다가온다. 고목에 핀 흰 벚꽃 또한 은빛 서슬이 예사롭지 않다. 그곳은 흙조차 기름을 품은 것 같이 무겁고 진득하다. 절 뒤에 자리 잡은 바위산의 기상 또한 높아 보인다. 천 년 하고도 사오백 년을 훌쩍 살아낸 세월이 내소사의 작은 절집도 옹이처럼 단단하게 만들었다.

내소사의 대웅보전의 꽃살은 우리나라 장식무늬의 최고 수준으로 평가받고 있다. 나뭇결을 그대로 살리면서 꽃잎을 도톰하게 표현해낸 세공의 정교함이 무척이나 훌륭하다. 마치 한 잎 한 잎 살아 움직이는 듯하다. 그 예술성은 다른 곳에서는 찾아보기가 어려울 정도로 독특하고 여섯 잎 보상화를 조각하여 기묘하게 맞추어 나간 연속문양 솜씨는 더욱 신기롭다.

오래된 느티나무를 지나 절집 기와가 내려다보이는 곳에서 발길을 멈추었다. 꽃눈 되어 흩날리는 벚꽃잎이 절집 기와 위와 사람들 머리 위에서 반짝인다. 세속의 때를 씻는 의식의 절정 같기도 하고 그 순간 그곳에 있는 사람을 축복해주는 자연의 배려 같기도 하다. 그도 아니면 이 멀고 외진 곳까지 찾아 준 발걸음에 대한 고마움의 표시라면 어떨까. 내소사의 뜰 느티나무 아래 한참을

내소사의 거대한 느티나무

앉아 있노라니 마음의 기름기가 사라지며 세속의 잡념은 어느새 사라지고 평온이 찾아온다.

·· **거대한 해안 절벽, 채석강**

내소사를 빠져나와 30번 국도를 타고 채석강 방향으로 향한다. 모항해수욕장, 사록해수욕장, 드라마 〈이순신〉 촬영장 등을 차례로 지나 마침내 채석강에 도착했다. 적당히 찌들고 때묻었으면서도 적당히 선하고 도리를 지키며 살아가는 세상살이가 보인다. 벗어날 수 없는 굴레 속에서 맞이하는 하루하루를 생각하니 갑자기 발걸음이 무겁다.

수천 개의 층이 쌓여 이뤄진 절벽 옆을 천천히 거닐면서 세월의 무게를 가늠해본다. 켜켜이 쌓인 세월 그 맨 아래층에는 1억 5천만 년 전 혹은 그보다 더 오래된 세월의 어느 봄날이 화석으로 묻혀 있겠지. 그때도 오늘처럼 꽃은 피었고 푸르른 잎이 지천으로 번져 있었을 것이다.

한국적인 아름다움이 가장 잘 표현된 내소사 대웅보전의 꽃살. 꽃문양.

채석강은 변산반도 국립공원에서 빼놓을 수 없는 절경 중 하나다. 당당하게 서 있는 절벽 주변의 백사장, 맑은 물이 어울려 그 풍치가 더할 나위 없다. 하지만 무엇보다도 여행자의 발을 붙드는 것은 채석강에서 파는 갖가지 해산물과 술이다. 절벽바위 위에서 바다향 가득 머금은 해산물을 팔고 있던 한 아주머니가 켜켜이 쌓여 있는 퇴적층을 밟고 바위 위로 올라간다. 화석으로 묻혀 있던 봄이 지상으로 환생하는 것 같다. 나도 자리에서 일어나 내 앞의 봄을 즐기며 걸어본다. 분주한 봄날 휴식 같은 하루가 바닷가에서 저문다.

채석강 절벽을 오르는 여인의 뒷모습에서 삶의 무게가 느껴진다.

주변 여행지 격포항, 격포해수욕장, 이순신 드라마세트장

가는 길
내비게이션 검색_ 전라북도 부안군 진서면 석포리
자가용
- 서해안고속도로 → 줄포IC → 보안사거리(영전검문소)에서 좌회전 → 곰소 → 내소사 주차장
- 호남고속도로 → 정읍 → 김제·부안 방면 → 고부 → 줄포 → 보안사거리(영전검문소)에서 좌회전 → 곰소 → 내소사 주차장

대중교통
- 강남고속버스터미널 호남선 → 부안행 버스(오전 6시 50분부터 오후 7시 30분까지 16회 운행)
- 동서울버스터미널 → 부안행 버스(오전 7시 40분부터 오후 5시 40분까지 하루 5회 운행)
- 부안시외버스정류장 → 내소사(군내버스가 30분마다 한 대씩 운행, 소요시간은 50분 정도)

걷기여행 100배 즐기기
- 사찰 관람 요금은 400원~1,600원, 주차요금은 1시간에 500원~2,000원이며 1시간 이후 10분마다 100원~400원의 추가요금이 있다.
- 내소사는 큰 절이 아니기 때문에 돌아보는 데에는 시간이 얼마 안 걸리지만 고찰의 아름다움과 흰 꽃이 어울린 봄풍경 등을 바라보면 그 나무 아래 앉아 하염없이 머물고 싶어진다.
- 내소사는 사찰을 경유하여 방문객의 편의를 위해 마련된 등산로가 있어 또 다른 재미를 맛볼 수 있다. 산책하면서 사찰 참배와 문화재 관람을 하면서 산행도 하면 1석 4조다.
- 내소사에서는 해마다 트레킹템플스테이를 한다. 매월 둘째주, 넷째주 주말에 일반인을 대상으로 1박 2일로 열린다(문의전화: 063-583-7284, 홈페이지: www.naesosa.org).

산책 코스 및 소요시간 내소사, 채석강

내소사 주차장에서 내소사 가는 길에 전나무 숲길이 나온다. 쉬엄쉬엄 걸어 내소사까지 가는 데 넉넉잡고 20분 정도가 소요된다. 이곳이 가장 사진 찍기 좋은 코스이므로 기념사진을 남기도록 하자.

전남 구례 산동면 상위마을 산수유 꽃길

08.

땅에서 피어난 것이 낮 하늘에 별무리로 떠 있다. 밤하늘의 은하수를 낮에도 볼 수 있다면 아마도 저런 모양일 거다. 노란 꽃별 무리가 강처럼 흐르는 듯, 강물에 별무리가 떠 있는 듯, 노란 봄꽃 산수유는 그렇게 피어 있었다.

·· 샛노란 봄을 찾아

지리산 만복대(1,433미터)의 서남쪽 기슭에 자리 잡은 상위마을은 우리나라 최대의 산수유마을로 꼽힌다. 지리산온천랜드를 거쳐 구불거리는 도로를 따라 올라갔다. 첫 번째 마을을 지나고 윗마을로 올라가니 팔각정이 보인다. 팔각정 앞에 차를 세우고 마을을 내려다보았다. 빈 논에 피어난 이름 모를 잡풀들이 부풀어 오른 흙냄새와 어울려 고향의 봄향기를 낸다. 다시 길을 내려와 마을로 들어섰다. 마을에서 눈에 띄는 것은 산수유나무들뿐이라고 해도 과언이 아니다. 마을 뒤편에는 눈 덮인 지리산 자락이 병풍처럼 둘러져 있고, 마을 오른편에는 작은 골짜기가 흘려내려진 자연경관이 황홀하다. 이곳은 고로쇠 약수가 많이 나오는 마을로도 유명하다.

·· 옛 돌담길 따라 노오란 봄이 오셨네

구례 산동면 상위마을에는 곳곳에 옛집과 돌담이 고스란히 남아 세월의 흔적을 말해주고 있다. 돌담을 따라 흙길을 걷는다. 오가다 마주치는 사람이 있으면 옆으로 비켜서야 할 것 같은 좁은 골목길이다. 허리춤에 겨우 닿을 듯 낮은 돌담 안으로 지붕이 얕게 놓인 집과 넓은 마당이 보인다. 담 밖으로 가지를 내

민 산수유 나뭇가지에 노란 꽃망울이 맺혀 있다.

 바람이 머금고 있는 찬 기운에 옷깃을 여민다. 햇살 드는 곳의 나뭇가지는 벌써 꽃을 피웠다. 같은 나무라도 가지마다 꽃피는 때가 다른지 꽃망울이 군데군데 맺혀 있다. 봄을 부르는 세상의 모든 기운을 머금은 채 숨죽이고 있다가 바람에 온기가 실리고 햇볕 더 따듯해질 때쯤 소리 없는 총성을 울리며 폭죽처럼 피어나겠지. 마을 돌담길, 집 안 뜰, 쑥 돋는 개천가 논두렁, 마을 뒷산 기슭에도 산수유꽃이 고개를 내밀고 있었다. 밤하늘 성긴 별무리와 닮은 풍경이다. 꽃그늘 아래서 느끼는 황홀함보다 일상처럼 평범한 풍경을 멀리서 바라보는 아름다움이 마음에 더 오래 머문다.

·· 봄의 계곡에서 겨울을 엿보다

 겨울의 잔상이 남아 있는 계곡에서는 아직도 찬바람이 불고 햇볕에 등을 기대고 앉아 있던 아주머니와 여행자가 이야기를 나눈다. 아주머니가 지키고 있는 좌판에서는 산수유로 만든 먹을거리, 고로쇠약수처럼 산에서 나는 것들을 팔고 있다.

 햇볕 드는 계곡 한쪽에 숨구멍을 틔운 흙이 부드럽다. 계곡물 위로 가지를

늘어뜨린 몇몇 산수유나무가 성급히 꽃을 피웠다.

오르막을 올라 마을 쪽으로 들어서니 개들이 따라온다. 봄바람이 불어서 그런지 버들강아지 같은 꼬리가 살랑거린다. 나는 여유 있는 걸음으로 장작 타는 냄새를 즐기며 마을 뒷산 산책길을 걸었다.

이어진 길을 따라 조금 더 아래 있는 마을로 내려갔다. 햇볕이 낮은 곳부터 고여 차오르니 돌담길 옛 이끼가 푸르게 살아났다. 땅을 밟는 느낌이 폭신하다. 낯선 여행자의 발걸음에 돌담 위 산수유나무가 놀랬는지 퐁퐁퐁 꽃망울을 터뜨린다. 그렇게 담장 안 뒤뜰에서는 환한 낮을 더욱 밝히는 별이 뜬다.

돌아가는 길 오른쪽으로 펼쳐진 논에 카메라를 든 사람들 십여 명이 모여 있다. 렌즈가 향하는 방향에 제법 크고 모양을 갖춘 바위와 산수유나무가 논 한가운데 모델처럼 당당히 서 있다.

산수유꽃이 가장 절정인 아랫마을의 입구를 지키는 산수유나무 옆에 걸린 빨래줄에 알록달록 빨래가 널려 있다. 불꽃놀이처럼 화려하게 퍼진 노란 꽃무리 옆에 생활의 편린이 배어 있는 빨래라니. 가끔은 이렇게 봄꽃 가득한 풍경의 완벽한 조화보다 생활에 찌든 때를 벗겨내고 새것처럼 다시 깨끗해진 빨래가 정겹다.

주변 여행지	지리산온천랜드, 화엄사, 천은사
가는 길	**내비게이션 검색_** 전라남도 구례군 산동면 위안리 **자가용** • 88올림픽고속도로 → 남원IC → 19번국도 고축교차로 → 산동방면 → 산동교차로 → 지리산온천 방면 → 상위마을 **대중교통** • 남부터미널 → 구례행 버스(오전 7시부터 오후 8시까지 8회 운행. 밤 11시 10분 차도 있음) • 구례읍 버스터미널 → 산동면 상위마을행 버스(오전 6시 10분부터 오후 6시 10분까지 5대 운행)
걷기여행 100배 즐기기	• 마을에 흐르는 계곡 물 위로 피어난 산수유꽃의 모습을 놓치지 말자. • 상위마을까지 차를 가지고 갈 수 있고, 그곳에서부터 가볍게 걸어 볼 만하다.
산책 코스 및 소요시간	상위마을 → 하위마을 → 지리산온천랜드 풍경과 꽃의 미세한 차이까지 느끼고 싶다면 상위마을에서만 1시간 정도는 머물러야 한다.

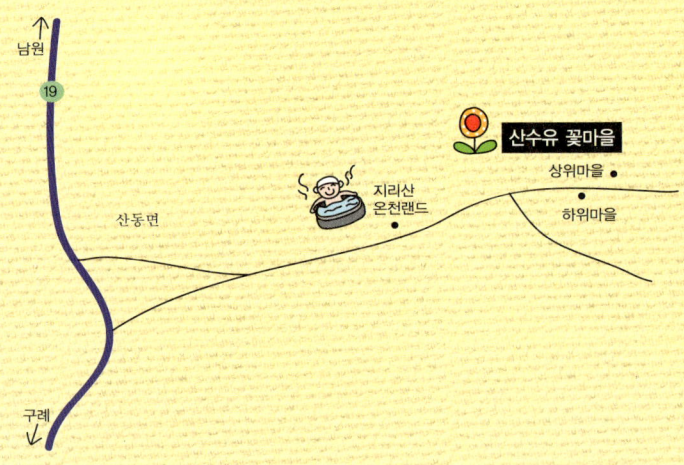

09. 경북 영덕 낙평마을, 지품마을 복사꽃길

기차는 봄날 오후의 길게 늘어진 저녁 햇볕을 끌고 남쪽으로 달린다. 객토가 끝난 논바닥으로 어둠이 내려앉아서 창밖 풍경이 보이지 않는다. 그러나 보이지 않는다고 하여 사라진 것은 아니다. 보이지 않는 마음으로 그렇게 잉걸처럼 은은하게 빛나게 사랑해야 함을 깨달았던 젊은 날이 있었다.

·· 복사꽃밭을 추억하다

　세상 다 태울 것 같이 뜨거운 마음으로 사랑을 막 시작할 스무 살 무렵, 나는 어느 시골마을 복숭아밭을 지나고 있었다. 열아홉부터 세상을 떠돌기 시작했으니 그 발길 따라 지나온 길에 이력이 붙기 시작할 때였다.

　달이 밝아 사위(四圍)가 환했다. 시골마을 어귀, 가로등이 깜박거리는 길을 뒤로 하고 마을 옆 산에 올랐다. 산도 마을사람들을 닮아서인지 모난 바위 하나 없고 비탈 또한 심하지 않았다. 첫사랑의 간절한 마음을 주체할 길이 없어 찾았던 시골마을에서 나는 사랑만큼이나 환장할 것 같은 풍경을 만났다.

　작은 고개 너머 펼쳐진 복숭아밭은 어둠 속에서 새하얗게 빛나고 있었다. 달빛 머금은 복사꽃은 제 스스로 빛을 발산하고 있었다. 흰빛, 은빛으로 빛나는가 싶더니 건듯 부는 바람 한 점에 꽃잎이 흔들리고 흰빛이 넘쳐 붉은빛으로 반짝이는 게 아닌가. 흰빛이 지나치면 붉게 빛난다는 것을 그때 알았다. 복사꽃은

어둠에 가려지지 않는다. 어둠속에서도 하얀빛을 내는 복사꽃이 젊은 날 나의 서툰 사랑을 추억하게 만든다. 사랑으로 충만한 연인의 눈빛은 복사꽃 붉은빛, 내 추억 또한 그러하니 복사꽃밭으로 가는 기찻길 위에서 잠시 눈을 감는다.

·· 지품마을로 향하는 시골풍경

하회마을을 한눈에 보려면 마을 강 건너 절벽 위에 있는 부용대(芙蓉臺)에 올라야 한다. 그곳에 오르면 마을을 휘감아 도는 물줄기, 논, 밭 그리고 멀리 있는 산까지 한눈에 들어온다. 그런 뒤에 마을로 내려가 골목을 돌아다녀야 제맛이다.

병산서원(屛山書院)은 하회마을에서 그리 멀지 않은 강가에 있다. 덜컹거리며 느린 속도로 가는 차창 밖으로 시골풍경이 손에 잡힐 듯하다. 기우는 햇살이 황금빛으로 빛날 때 길 위에 선 마음도 넉넉해진다. 만대루에 올라 강을 내려보는 외국인의 모습이 낯설지 않다. 안내하는 사람 없이 산골짜기 길을 굽이굽이 달려 여기까지 찾아올 줄 아는 그들이야말로 진정한 여행자들이다. 근처에서 들리는 새소리, 바람소리가 적막함마저 느끼게 하면서 여행지의 운치를 더한다.

복사꽃마을로 발걸음을 재촉했다. 안동에서 영덕방향으로 34번 국도를 따라간다. 영덕군을 알리는 이정표가 나오고 얼마나 지났을까? 길가에 복사꽃 흐드러진 낙평마을이 나온다. 길가 아저씨께 길을 물으니 지품마을은 조금 더 가야 한단다. 눈앞의 멋진 광경에 잠시 갈등했지만 첫 목적지로 계획했던 지품마을을 먼저 찾아갔다.

하지만 그렇게 찾은 지품마을에서는 때늦은 발걸음으로 꽃 진 자리에 남겨

진 빈 가지만 바라봐야 했다. 아직까지 떨어지지 않은 몇몇 붉은 꽃잎들이 봄바람에 가녀리게 떨고 있다. 복사꽃밭 건너 둑길에 오르니 꽤 큰 물줄기가 흐르고 그 밑으로 솔밭이 보인다. 여름이면 솔밭에 여장을 풀고 강가에서 물놀이도 할 수 있겠지. 그렇게 쓰린 속을 달래며 낙평마을로 다시 발걸음을 옮겼다.

·· 낙평마을

낙평리는 국도변 마을이다. 차가 많이 다니는 것에 비해 고즈넉했다. 마을 안으로 들어가니 오래된 집들과 그 집들 사이로 난 골목길이 운치 있다. 골목길을 벗어나자마자 복사꽃 천지다. 복사꽃밭을 지나자 나온 둑방길로 올라서니 저 멀리 작은 강이 흐르는 게 보인다.

강에서 불어오는 서늘한 바람결에 물비린내가 실려온다. 강 둔치에 피어난 마른풀이 서걱거리며 바람에 흔들릴 때마다 세월의 냄새가 묻어난다. 그 사이 간혹 푸릇한 봄향기가 섞여 어릴 때 뛰어놀던 고향에 대한 기억을 완성시킨다. 어둑어둑해질 때까지 골목길이며 흙돌담, 둑방길을 내달리며 강아지처럼 뛰어놀던 그때 우리는 봄이면 민들레, 여름이면 버들치로 놀았다.

산그림자가 복사꽃밭 마을을 덮었다. 마을 건너편 도로 앞 비탈밭에 햇볕이 걸쳐 있다. 복사꽃 붉은빛과 태양의 황금빛이 어우러져 강렬하면서도 순수하게 느껴진다. 그 풍경을 배경으로 농부 한 명이 커다란 농기구를 메고 논둑길을 걷는다. 흙 묻은 바지, 굳게 내딛는 장화발에 고된 노동의 흔적과 함께 행복한 웃음이 번지는 것 같았다. 그의 뒷모습과 저 멀리 보이는 복사꽃밭이 한 폭의 그림처럼 어우러진다.

해가 지고 밤이 되면 복사꽃 붉은밭 위로 은빛 달이 뜨겠지. 지붕 낮은 집 창문으로 새어 나는 불빛에 보글거리는 된장찌개향과 함께 봄볕에 그을린 농사꾼의 주름 깊은 웃음이 번질 것이다. 어둠이 스스로 길을 내는 낙평리 둑방길에 우두커니 서서 쉴 곳을 향해 돌아가고 있는 사람들의 넉넉한 발걸음을 생각한다.

낙평리 복사꽃밭

| 주변 여행지 | 영덕 강구항, 강축해안도로, 해맞이공원, 풍력발전소 |

가는 길

내비게이션 검색_ 경상북도 영덕군 지품면 지품리

자가용
- 중앙고속도로 → 안동 방향 → 서안동IC → 영덕 방향 34번 국도(영덕 시내 들어가기 전에 낙평리와 지품마을이 차례로 나온다)

대중교통
- 동서울버스터미널 → 영덕(오전 7시부터 오후 5시까지 하루에 8대 운행)
- 영덕시외버스터미널 부근 → 지품리와 낙평리로 가는 시내버스(하루에 10대 정도 운행), 문의전화: 영덕버스 054-732-7374

걷기여행 100배 즐기기
- 복사꽃 피는 시기를 잘 맞춰가야 한다. 지품리나 낙평리는 과수원 농사를 짓는 시골마을이다.

산책 코스 및 소요시간

지품리 → 낙평리, 강구항 → 강축해안도로 → 해맞이공원 → 풍력발전소

지품리 복사꽃밭길과 솔숲 등 걸어서 돌아보려면 30~40분 정도 걸린다. 낙평리는 20분 정도 소요된다.

10. 전남 여수 영취산 진달래 산행길

영취산 진달래를 보기 전까지 여수에는 동백꽃만 있는 줄 알았다. 산비탈을 가득 메운 붉은 꽃의 향연이 펼쳐질 때면 사람들 마음마저 붉게 물들어 영취산을 찾는다. 진달래 이외에는 다른 어떤 꽃도 떠오르지 않을 만큼 그 색의 조화는 완벽했다.

·· 상춘객을 반기는 연분홍 진달래 산행길

 1988년 향일암으로 가는 길은 온통 공사 중이었다. 게다가 포장도 안 된 흙길에 도로 폭은 두 사람이 지나다니기에도 비좁았다. 그렇게 도착한 향일암의 해가 지고 나는 여수행 막차를 탔다. 얼마나 갔을까. 캄캄한 밤 흙길을 터덜거리며 달리는 버스 앞에 믿을 수 없는 풍경이 펼쳐졌다. 여수항의 불빛과 항구로 이어지는 산기슭부터 산꼭대기까지 다닥다닥 붙은 창마다 불빛이 새어나오고 있었다. 마치 동화 속 마을 같다. 여수 하면 그 날 여수항의 별세계 같은 밤풍경이 떠오른다. 나는 지금 바로 그곳 여수의 영취산을 향해 가고 있는 것이다.
 여수반도의 주산인 영취산은 산세가 수려하거나 산이 높다거나 해서 일반인을 끌어모으는 산이 아니다. 그렇다고 산악인들이 한 번쯤 오르고 싶어하는 특색 있는 산도 아니다. 정상인 진례봉이 해발 510미터에 불과한 낮은 산이다. 하지만 진달래 군락이 잘 형성되어 있고 꽃의 색감이 화려한 것으로 영취산을 따를 만한 곳이 없다. 해수면과 맞닿아 있어 결코 낮지 않게 느껴지는데다 골망재

돌산공원에서 바라본 돌산대교와 여수항.

산비탈의 여성미와 봉우재 남쪽 암봉의 남성미가 어우러져 온 산이 연분홍으로 채색되는 4월 초에는 상춘객들로 인산인해를 이룬다.

·· 영변의 약산보다 고운 영취산 진달래

영취산으로 올라가는 여러 입구들 중 GS칼텍스정유공장 뒤쪽 도로에서 산으로 올라가는 코스를 택했다. 평소에는 개방하지 않다가 진달래가 필 때 개방하는 듯한 임도다. 잘 닦여진 임도 옆으로 보이는 숲 속에는 아주머니들이 허리를 굽히고 콧노래를 불러가며 고사리를 뜯고 있다.

사계절 중 양적으로나 질적으로 밥상이 가장 풍성한 건 봄이다. 어머니가 차려주는 밥상 위에는 봄이 주는 선물인 냉이, 쑥, 달래의 향이 언제나 가시지 않았다. 고사리나물과 취나물, 참나물, 싸리순 등 산천에 나오는 모든 풋것들이 먹을거리였다.

봄향기 가득했던 밥상 생각을 하며 산길로 접어들었다. 이제부터 본격적인 산행코스가 시작된다. 산이라고는 하지만 키를 넘는 나무가 거의 없어 온몸에 닿는 햇볕을 막을 길이 없다. 허리에도 차지 않는 마른풀들이 바람에 휩쓸린다. 10분 정도 오르막을 오르니 등줄기에 땀이 구르는데 좀처럼 끝이 보이지 않았다. 팍팍한 다리를 짚어가며 계속 오르

봄길

다보니 어느새 시야가 트인다.

   3월 말부터 꽃망울을 터뜨리기 시작해 4월 10일쯤까지 피고 지기를 거듭하는 연분홍 진달래가 영취산 자락을 수놓고 있다. 멀리 보이는 산 정상부근이 온통 붉은빛이다. 그 아래로는 나무들이 촘촘하게 줄을 지어 서 있고 그 사이로 길이 냇물처럼 흘러 산굽이를 돌아 나가고 있다. 이 모든 풍경이 한눈에 들어오는 순간 시간이 멈춘 듯 하다.

   나는 그 장면을 그대로 잘라내어 내 마음 속에 담은 후 산을 하나 넘었더니 또 다시 진분홍 물결이 나타난다. 산 전체를 뒤덮은 붉은빛 진달래 산천이 또 다른 뾰족한 침엽수와 어우러져 이국적인 풍경을 만들어낸다.

   영취산 진달래 그 하나만으로도 여수는 꽃의 도시로 불리기에 충분하다. 한 줄기 땀을 쏟아내고 진달래 무리 사이에 앉아 꽃바람을 맞는다. 땀이 식고 눈이 맑아진다.

여수 오동도로 들어가는 바닷길과 유람선

주변 여행지 오동도, 돌산공원

가는 길
내비게이션 검색_ 전라남도 여수시 중흥동, 영취산, 흥국사
자가용
- 남해고속도로 → 순천IC → 여수 방향 17번국도 → 흥국사역 → 영취산

대중교통
- 강남고속버스터미널 호남선 → 여수행 버스(오전 6시부터 오후 8시 30분까지 17대 운행, 밤 10시 40분, 11시 20분에는 심야버스)
- 여수버스터미널 부근의 시내버스정류장 → 흥국사 방향 52번 버스(종점 하차), 상암마을 방향 76번 버스 (상암초등학교 하차)

걷기여행 100배 즐기기
- 산행은 기온에 따라 다소 차이가 있으나 4월 첫째 주에서 둘째 주가 적기다.
- 월내동 GS칼텍스정유 뒤쪽의 임도를 이용하여 등산로를 오르는 방법과 예비군 훈련장을 지나 등산로로 접어드는 방법이 있다. 등산로 입구에서 정차하는 시내버스가 없다.
- 흥국사 원통전을 지나 등산로를 따라 계곡을 통해 산행 코스를 즐길 수 있다. 소요시간은 40분 정도다.
- 매년 4월 첫째 주에 '영취산 진달래 축제'가 열리며 진달래 꽃잎으로 만드는 화전 부치기, 시화전 등 진달래를 주제로 다채로운 이벤트가 진행된다(문의전화: 여수시 061-690-2871).

산책 코스 및 소요시간
영취산 진달래 산행길

GS칼텍스정유 뒤쪽의 임도로 올라가다 보면 입구부터 영취산 정상까지 가는 길에 산벚꽃과 침엽수군락, 진달래무리 등 다양한 풍경을 감상할 수 있다. 풍경을 즐기고 쉬엄쉬엄 간다면 2~3시간 정도는 잡아야 한다. 줄곧 걷기만 한다면 시간은 많이 단축할 수 있겠지만 등산이 아니라 꽃구경이 목적이라면 반나절의 여유가 적당하다.

11.
경기도 양평 개군면, 이천 백사면 산수유마을

노란 꽃무리 아름다운 줄만 알았는데 가난한 시골에 태어난 아들 뒷바라지까지 도맡을 줄이야. 그 옛날 산수유나무 붉은 열매 덕분에 등록금 걱정을 덜었다니 마음이 아련해진다. 해마다 꽃피는 봄이 되면 대처에 보낸 큰 아들 얼굴이 꽃같이 아른거렸다.

·· 개군면 산수유꽃마을에 봄이 오셨네

우리나라에 산수유로 유명한 곳으로 전남 구례, 경북 의성, 경기 이천 등이 있지만 그중 으뜸은 경기 양평 개군면이다. 천이백여 그루의 산수유나무가 자리잡은 그곳의 이름은 '산수유꽃마을'이다.

이른 봄, 전남 구례 산동마을에 핀 산수유가 어느새 경기도 양평과 이천까지 올라왔다는 소식을 들었다. 봉오리 활짝 핀 산수유꽃을 아직 보지 못한 터라 발길을 서둘렀다. 절정의 산수유는 언제 불꽃으로 터질지 몰라 쳐다보는 것만으로도 조심스럽다. 드디어 개군면 내리 마을 입구부터 산수유나무의 향연이 시작된다.

이 무렵이면 카메라를 든 상춘객들, 이젤에 스케치북을 올려놓고 그림을 그리는 사람들이 몰려들어서 꽃그늘 아래 앉아 숨을 죽인 채 눈과 손을 빠르게 움직인다. 그들의 시선이 머무는 곳에는 백 년도 넘었음직한 산수유 나뭇가지가 수양버들처럼 늘어져 있다.

·· 노란 산수유 꽃그늘에서 길을 잃다

마을 사람에게 이곳의 시조목(始祖木)이 있는 곳을 물어 찾아가니 틀어진 굵은 줄기를 온몸에 감싸안은 거대한 산수유나무가 눈에 들어온다. 300년이라는 오랜 세월 동안 꽃을 피운 고단함 때문인지 세월의 무게가 느껴진다. 이곳은 집 담장마다 산수유나무가 없는 집이 없다. 골목 어귀는 물론 논두렁, 밭두렁에도 노란 꽃이 사방에 가득하다.

주읍리도 꽃천지다. 돌담을 따라 천천히 걷는다. 북실북실한 꼬리를 버들강아지처럼 흔들며 개 한 마리가 다가온다. 초가지붕처럼 눈이 순하다. 그렇게 뛰노는 골목길을 따라 산수유 노란 꽃이 피었다. 정신없는 꽃내음의 불꽃놀이에 마음을 다 내주고 나서야 마을을 빠져나올 수 있었다.

마을 진입로 앞에서 산수유막걸리와 안주를 팔고 있는 부녀회 아주머니들과 이런저런 이야기를 나눴다. "이 마을은 뭐 하려고 산수유만 심었냐"며 농담 삼아 말을 던지니 돌아오는 대답이 눈물겹다. 예전에는 집에 산수유나무 한두 그루만 있어도 자식 대학 등록금을 마련할 수 있었다고 한다. 그래서 산수유나무를 두고 '대학나무'니 '효자나무'니 하고 불렀단다. 마을에 있는 나무들은 그렇게 자녀 학비 마련을 위해서 혹은 집집마다 나름대로의 소용에 맞게 심어졌다고 한다.

서러운 서른 살 나의 이마에
불현듯 아버지의 서느런 옷자락을 느끼는 것은
눈 속에 따 오신 산수유 붉은 알알이
아직도 내 혈액 속에 녹아 흐르는 까닭일까.

- 김종길, '성탄제' 중에서

눈발을 헤치고 산수유알을 구해온 아버지의 마음과 이곳 산수유 피는 마을 아낙들의 마음이 어찌 다르다 할 수 있을까.

·· 산수유 꽃길 여행자들의 낙원, 이천 도립리와 경사리 산수유
산수유 붉은 알처럼 벌겋게 달아오른 얼굴로 이천 백사면 도립리와 경사리

　로 향했다. 여주 쪽으로 가다보면 천서리가 나오고 그곳에서 이포대교를 건너 70번 도로를 탄다. 잠시 후 길 오른쪽으로 산수유꽃으로 둘러싸인 햇볕 아늑한 마을이 눈에 들어온다. 넓게 흐드러지며 나 있는 노란빛의 산수유길은 도립리 산수유마을을 찾는 여행자를 맞이하는 최고의 안내자다.

　마을로 들어가면 육괴정(六槐亭)이란 오래된 정자가 있고 그 앞에 거대한 느티나무가 있다. '여섯 그루의 느티나무가 있는 정자'라는 육괴정은 조선 중기 기묘사화 때 난을 피해 이곳에 내려온 엄용순이 세웠다. 그리고 육괴정 앞 연못에 엄용순 등 여섯 명이 각각 한 그루씩 느티나무를 심었다고 한다. 정자와 나무마다 오백 년 세월의 숨결이 배어 있다. 햇볕 가득 고이는 양지바른 곳에 바람도 잦아드니 아늑하기 이를 데 없다.

　육괴정과 느티나무를 가운데 두고 뒷동산을 한 바퀴 돌아보는데, 눈길 닿는 곳마다 산수유꽃밭이다. 이 마을의 시조목을 찾아 보니 언뜻 보기에도 수백 년은 족히 넘어 보인다. 그 오랜 세월을 지나는 동안 매년 봄나무는 새 꽃을 피웠을 것이다. 늙은 가지에 매달려 총총 빛나고 있는 노란 꽃의 젊음은 늙은 나무의 몸을 빌어야만 아름다울 수 있다. 뿌리부터 힘겹게 빨아올린 수분과 영양분으로 수백 번의 봄을 맞을 때마다 꽃을 피워낸 그 나무의 수고에 박수

를 보낸다.

　봄바람에 살랑살랑 꽃이 떨린다. 나는 어느 몸에 매달려 꽃샘 머금은 찬바람을 피하고 있는 것인가. 마을 뒷산까지 노랗게 물들었다. 별밭 위를 걷는 듯 발걸음이 구름 같다.

·· **다시 육괴정으로**

　산책길을 천천히 되돌아 다시 육괴정에 도착했다. 전동휠체어를 타고 햇볕을 즐기러 나온 마을어르신이 손짓하신다. 땀도 식힐 겸 할아버지와 이야기를 나누는데, 평범한 시골할아버지 입에서 기묘사화부터 지금에 이르기까지 마을의 내력이 줄줄 나온다. 일부러 외운 흔적이 전혀 없는 말들은 할아버지의 몸과

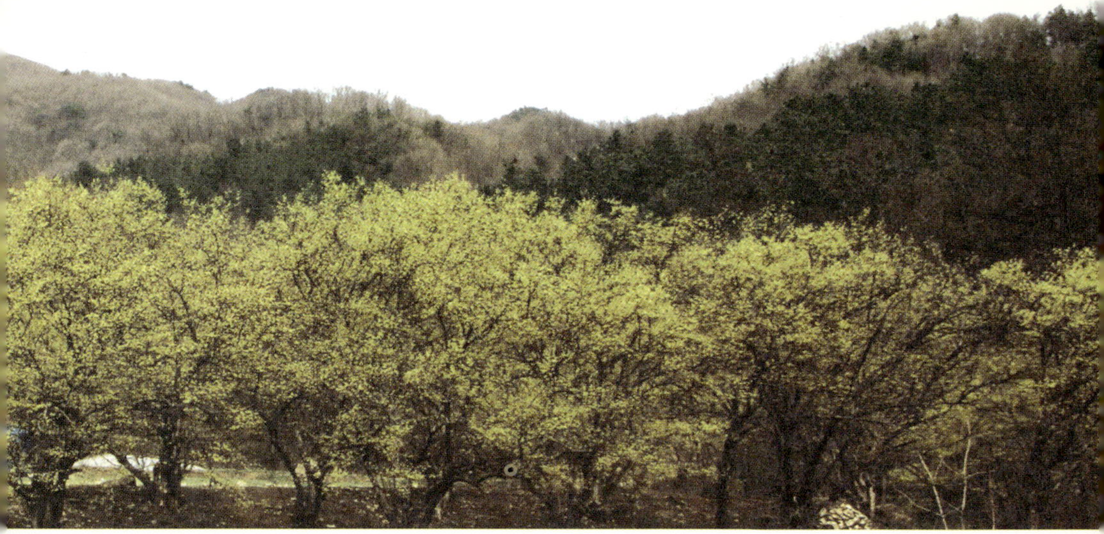

마음에 가득 새겨진 세월에서 나오는 게 세월의 꽃이다. 그 말의 진실함이 조금 전까지 감상했던 꽃의 아름다움과 같다.

오래된 유적지와 옛 이야기를 안고 자라는 거대한 나무, 이야기꽃을 피우는 촌로의 마을, 그 마을을 휘감고 있는 노란 꽃 천지 앞에 선 보잘것없는 여행자는 세상이 다 오늘 이곳 같기를 소망해본다.

산수유로 만든 동동주

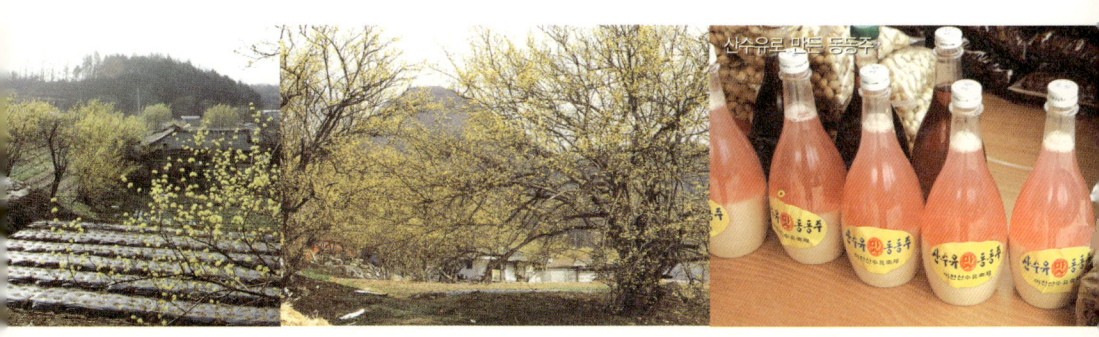

| 주변 여행지 | 용문사, 이천도자기센터, 이천 온천지구 |

가는 길

내비게이션 검색_ 경기도 양평군 개군면 내리

자가용
- 양평에서 여주 방향 → 개군면 개군중학교에서 좌회전 → 내리 주읍리 이정표
- 제2중부고속도로 서이천IC → 백사면 도립리

대중교통
- 동서울버스터미널 → 양평시외버스터미널행 버스 → 주읍리행 버스(개군면 가는 버스는 매 5분마다 있는데 개군면 소재지에 내려서 주읍리까지는 6~7km 정도 걸어야 한다. 또 다른 산수유마을인 내리는 주읍리에서 2~3km 정도 떨어져 있다.)
- 동서울버스터미널 → 이천시외버스터미널행 버스(이천 시내까지 간 뒤 도립리행 버스를 탄다. 축제기간에는 셔틀버스를 운행한다.)

걷기여행 100배 즐기기
- 산수유꽃을 따라 동네 한 바퀴를 다 돌려면 편안한 운동화 등의 신발은 필수다.
- 개군면으로 들어서면 쉽게 이정표를 찾을 수 있다. 축제기간에는 현수막 등도 걸려 있어 찾아가기가 더 수월하다. 내리와 주읍리 사이는 반드시 걸어다닐 것을 추천한다. 꽃마을 시골풍경을 즐기며 걷다 보면 시간 가는 줄 모른다.
- 매년 4월 초에 열리는 산수유 축제기간에는 양평, 이천 시내에서 셔틀버스를 운행한다(문의전화: 개군면사무소 031-770-3343).

산책 코스 및 소요시간

양평 개군면 내리 → 주읍리, 이천 백사면 도립리 → 육괴정

대충 눈으로 훑을 예정이라면 30~40분 정도에 한 마을을 돌아볼 수 있다. 하지만 꽃에 마음을 주고 옛 마을 풍경을 감상하는 것을 고려한다면 서너 시간 정도 소요된다.

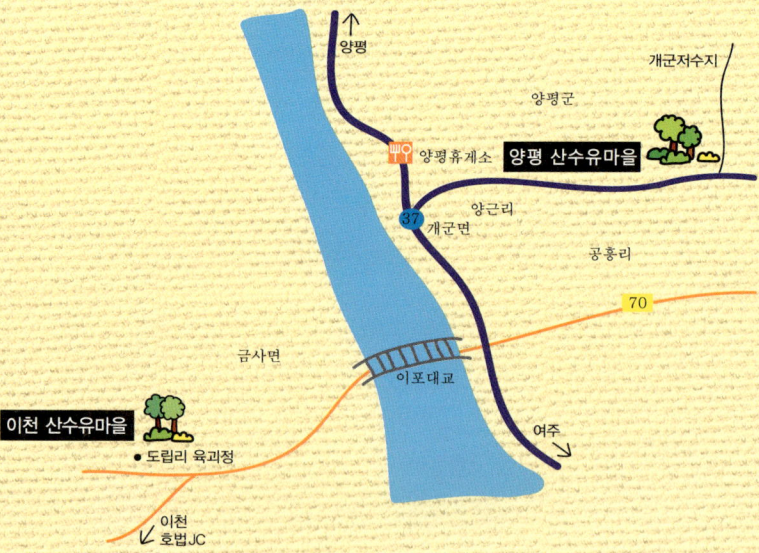

12. 강화도 고려산 진달래 산행길

정제되지 않은 순수한 자연의 매력이 심장을 울린다. 단군왕조부터 조선말까지의 역사가 응축된 현장은 비장한 아름다움을 간직하고 있다. 해마다 봄이면 자연과 역사의 결정체가 고려산 붉은 꽃으로 피어난다. 그것도 산에 가득히 무리지어 피어나 온산이 붉게 타오른다. 이곳이 강화다.

·· 붉은 꽃으로 물들다

강화도가 거리상으로는 멀지 않은 것을 알면서도 발걸음이 쉽게 떨어지지 않았다. 섬 여행은 불편할 것이라는 선입견 때문이었다. 그런 생각을 어렵사리 걷어내고 찾아간 강화도는 게으른 나의 마음을 뒤늦게 탓할 만큼 다양한 아름다움으로 가득한 곳이었다.

강화의 자연은 독특한 숨결을 지니고 있다. 자연 그대로의 기름진 흙빛과 개발되지 않은 야생의 숨소리가 강화 전역에 퍼져 있다. 이곳에서는 바람도 가볍지 않다. 강화는 단군이 나라를 열었을 때부터 조선말 서양 열강의 침략에 맞선 항쟁의 역사까지 하나도 빠짐없이 간직하고 있다. 이 때문인지 강화의 꽃 한 송이, 풀 한 포기, 돌멩이 하나하나마다 예사롭지 않은 기운이 느껴진다.

바다의 안개인지 산의 운무인지 모를 희뿌연 공기 사이로 차를 달려 고려산으로 향한다. 넓게 펼쳐진 들판과 논 사이로 길이 나 있긴 한데 주변에 이정표를 삼을 만한 게 없어서 찾는 것이 쉽지 않다. 하지만 어렵게 찾아간 것에 대한 보답이라는 듯 고려산은 여행자에게 멋진 풍경을 선물했다. 강화의 첫인상이 각인된 곳도 그곳이었다.

·· 오색 연꽃 바람 되어, 백련사

고려산 북편에는 고구려 장수 연개소문이 태어난 시루미산이 있다. 잠시 역사를 거슬러 올라가면 고구려 장수왕 4년(416)에 천축국(지금의 인도)의 스님과 얽힌 이야기가 전해진다. 천축국 스님이 고려산에 올라서 적색, 백색, 청색, 황색, 흑색 등 다섯 가지 색의 연꽃이 피어난 오련지를 보았다. 스님은 다섯 색의 연꽃잎을 공중에 날렸고, 그 연꽃잎이 날아가 떨어진 자리에 각각 적련사(적석사), 백련사, 청련사, 황련사, 흑련사라는 절을 지었다는 것이다. 그중 적련사, 백련사, 청련사는 지금도 남아 있다.

백련사에서 정상에 이르는 길을 올랐다. 정상이라고 해야 500미터도 채 안 됐지만 산행시작부터 계속되는 오르막길이 이어지다 보니 금세 숨이 가쁘고 다리가 팍팍해진다. 이십여 분 동안 쉬지 않고 오르막을 오르니 넓은 길이 나온다. 군사지역의 군용도로와 만나는 지점이다. 이 도로를 따라 조금 더 올라가면 눈 아래 멋진 풍경이 나타난다.

붉은 진달래가 산비탈을 뒤덮고 있다. 진달래 산천을 바라보는 사람들의 눈이 빛난다. 한 송이만 놓고 보면 진달래처럼 가녀린 것도 없다. 그저 바람에 흔들리는 힘없는 존재로 여겨지지만 이렇게 군중의 함성처럼 일제히 소리치는 꽃들의 아우성이 아름답다.

숲 속 오솔길을 조심스럽게 내려가니 나무 없는 산비탈에 진달래 꽃사태가 났다. 사람들은 그 사이로 난 오솔길에 파묻힌다. 길을 따라 내려가면서 보이는 건 온통 진달래뿐이다. 산 전체를 뒤덮은 붉은빛 진달래산천 앞에서 입을 다물지 못했다.

한줄기 땀을 쏟아내고 진달래 무리 사이에 앉아 꽃바람을 맞는다. 민중의 세상을 외치던 노동시인들의 시에, 민족해방을 외치던 해방시인들의 노랫말에 진달래가 빠지지 않았던 이유가 다시 느껴졌다. 무리지어 산 전체를 덮은 그 장엄한 광경에 가슴이 벅차오른다. 온 강화가 붉게 물든다.

·· 강화의 봄은 비장하다

붉은 진달래 무리가 강철보다 강해 보였다. 그 붉은 꽃무리 속에 앉은 채 안개에 잠긴 주변 풍경을 바라본다. 육지의 흙빛과 강화의 산천 간에 무엇이 다른지를 생각하다가 문득 지난한 역사가 떠오른다.

고려 항몽 삼십구 년의 역사를 품고 있는 땅 강화. 불심으로 국난을 극복하려 했던 처절한 몸부림은 팔만대장경을 새기는 손끝마다 빛났다.

세월이 흘러 조선을 침략하는 외세에 죽음으로 항쟁한 곳 또한 이곳 강화다. 강화해협을 지키는 최전방의 진지 초지진, 강화해협에서 가장 큰 규모의 포대가 있었던 덕진진, 그리고 가장 치열했던 전투지 중 하나인 광성보와 같은 요새를 필두로 오두돈대, 갑곶돈대 등 수십 개의 돈대와 진지들이 해변을 따라 이어져 있다. 가만히 눈을 감아본다. 팽팽한 긴장을 깨고 첫 포성이 터진다. 이어 진지를 향한 열강 함선의 대포와 적들이 있는 바다를 향한 조선 대포에서 뿜어냈던 포연이 검은빛 해협의 진흙 벌 위에서 자욱하게 피어난다. 조선의 심장을 지

봄길

키려다 순국한 그들의 넋이 고려산을 온통 뒤덮고 있는 것만 같다.

  강화에 진정한 봄이 왔다. 수천 번 대포의 불을 뿜어내고 수많은 이들을 생사의 기로에 몰아세웠던 치열한 전투는 이제 옛일이다. 그동안 수천 번의 봄이 이곳 강화에도 왔었지만, 그 봄이 어디 오늘날의 봄처럼 화사할 수 있었겠는가.

  산을 내려와서 광성보 잔디밭에 앉아 적막한 하늘을 바라본다. 검고 낮은 구름이 흐르던 하늘강에 구름이 걷히면서 파란 물빛을 보였고, 세차게 부는 바람도 햇볕의 따사로움은 어쩌지 못했다. 참으로 한가로워서 평화스럽다. 이대로 강화의 봄이 되고 싶다.

동막해변 조개구이와 밴댕이구이.

주변 여행지	초지진, 마니산, 전등사, 동막해변, 선원사지, 용두돈대
가는 길	**내비게이션 검색_** 인천광역시 강화군 하점면 부근리 **자 가 용** • 강화대교 → 강화읍 → 백련사 **대중교통** • 신촌직행버스터미널 → 강화(1시간에 1대 꼴로 버스가 있으며 막차는 오후 8시에 있다) • 영등포 → 강화(1번 버스) / 인천터미널 → 강화서문(700번 버스) / 인천터미널 → 강화 화도(701번 버스, 하루 3회 운행) / 안양 → 강화(3번 버스) / 일산 → 강화(960번 버스) • 강화버스터미널 → 고려산 방향 버스
걷기여행 100배 즐기기	• 백련사에서부터 처음 20~30분은 오르막 산길이다. 가벼운 등산복 차림에 물과 간단한 간식거리 등을 준비하는 것이 좋다. • 강화에서 제일 큰 해변은 백사장과 갯벌이 한곳에 있는 1,800만 평의 동막이다. 동막 뒤의 솔밭에서 길을 건너면 해산물과 칼국수 등을 파는 상가거리가 나온다. 이곳에서 민박도 가능하다. • 강화의 대표적인 먹을거리는 밴댕이와 인삼막걸리 순무다. 밴댕이는 회로 먹거나 구워 먹는다. 바다에서 바로 건져 올려 먹는 싱싱한 조개구이도 추천한다.
산책 코스 및 소요시간	백련사 → 군용도로 → 진달래 능선 고려산을 오르는 등산로는 여러 코스가 있다. 백련사 코스로 가다보면 군용도로와 연결되는데 그 길을 따라 조금만 더 올라가면 진달래능선을 만날 수 있다. 능선을 따라 길을 오르내리며 진달래군락의 아름다운 풍경을 즐기는 데 2시간 정도면 충분하다.

Part 02
여름길
꿈따라 숲길을 걷다

01. 경남 통영 동피랑길
02. 충남 부여 궁남지 연꽃길
03. 전남 무안 도리포 바닷길
04. 강원도 양양 계곡길
05. 제주 평대리 비자림 산책길
06. 경북 봉화 구마동 계곡길
07. 경남 통영 바닷길
08. 경남 함양 화림동 계곡 정자길
09. 남해 상주해수욕장~독일마을 바닷길

01.
경남 통영 동피랑길

"여기 아래, 여기에도 예쁜 꽃 좀 더 그려 줘."
할머니는 젊은이들에게 말했다. 붓을 든 젊은이들의 손이 날아다니듯 움직였다. 낡은 집 오래된 마을에 겨울이 가고 봄이 오면서 꽃이 피었다. 바다가 보이는 산동네 언덕 마을 골목에도 '그림꽃'이 피어났다. 통영의 동피랑길은 꿈으로 가득하다.

·· 동피랑길을 오르면 꿈을 만납니다

날이 궂다. 진녹색 바다가 일렁인다. 그 바다 저 멀리부터 밀려오는 검은 구름떼가 바다보다 무겁게 보인다. 곧 눈물 같은 빗방울이 떨어질 기세다. 통영 강구안 바다와 시장거리 문화광장에서 어슬렁거리다 보니 바다에서 이어지는 산언덕 마을 속에서 언뜻언뜻 보이는 흰색과 파란색의 조화가 눈에 띈다. 언덕 위 마을은 생활의 편린이 좁은 골목에 굴러다니는 오래된 달동네라고 생각했는데 그 두 가지 색은 마을을 맑고 경쾌하게 만들었다. 걸음을 멈추고 자세히 보니 그곳의 담과 벽에 그림이 가득했다.

동피랑을 다섯 단어로 표현하면 '바닷가 언덕에 그림이 있는 마을'이라고 할 수 있다.

언덕길에 옹기종기 모여 있는 산마을 안에 폭 좁은 골목길들이 여러 갈래로 나 있다. 경사진 길을 오르니 초입의 축대에 씌어 있는 '동피랑에 꿈이 살고 있습니다'라는 글이 눈에 띈다. '동쪽 벼랑'이란 뜻의 동피랑은 동호동이라는 원래 지명보다 '동피랑길'이라는 별칭으로 더 유명하다. 하늘마저 배경이자 그림의 일부일지도 모른다는 생각이 들 정도로 마을 전체가 그림이다. 뒤편을 보려면 다시 내려와야 하는 수고쯤은 아무것도 아니다. 집마다 담, 벽, 심지어 골목 바닥에도 온통 알록달록 동화마을 같다.

·· 꿈꾸는 동피랑

　동피랑길, 그 오래된 골목길에 아이들을 닮은 꿈을 그려 넣은 것은 2007년의 일이다. '푸른통영21 추진협의회'는 2007년 10월 동피랑길에 그림을 그릴 사람들을 모았다. 이에 전국적으로 19개 팀이 응모했으며 그중 11개 팀이 최종적으로 작업에 참여했다. 전문적으로 미술을 전공한 사람들도 있었고 학생들도 있었다. 한 땀 한 땀 수를 놓듯 마을사람들과 함께 소통하며 골목길 그림 벽화를 완성했다. 그림 자체의 완성도는 물론이고 그린 이들의 땀과 열정을 생각하면 여느 미술관이 부럽지 않을 정도다. 입소문을 타고 이곳을 찾는 사람들도 늘고 있다. 동피랑길이 있는 강구안 일대가 통영에서 가장 통영다운 곳이다.

　바다가 보이는 골목길에 우스꽝스러운 괴물그림을 보고 즐거워하고 있을 무렵, 아이들의 함성소리와 뜀박질하는 발자국 소리가 들린다. 바다가 보이는 언덕 마을 골목을 누비고 다니던 아이들이 골목 곳곳으로 흩어져 숨는다. 스물을 다 헤아린 술래가 쏜살같이 달려 내 앞을 지난다. 보이지 않는 골목에서 낄낄거리는 웃음소리가 끊임이 없다.

여름길

　술래가 숨은 아이를 찾은 모양이다. 어느 집 아주머니가 문을 열고 저리 가서 놀라며 목소리를 높인다. 하지만 속이 텅 빈, 나무람 없는 소리라는 것을 아이들은 알고 있는 듯했다.
　동피랑의 아이들은 바다가 보이는 언덕 마을에서 그렇게 자란다. 먼 훗날 푸른 꿈을 꾸던 시절을 그리워하는 마음이 생길 때쯤이면 어린 시절 술래잡기를

하며 바다가 보이는 언덕 마을 골목길을 누비던 추억이 얼마나 소중한 것인지 알게 되겠지.

·· 물고기가 헤엄치는 골목길을 보셨나요?

　동피랑은 좁은 골목이 거미줄처럼 얽혀 있다. 그 골목마다 벽과 담에 온통 그림이다. 이 골목 저 골목으로 미로 아닌 미로찾기를 하던 중 좁은 골목 모퉁이를 돌아서던 한 아주머니와 마주쳤다. 서울 도심 어느 골목이었다면 그렇게 갑자기 만난 낯선 이를 경계했을 텐데 그 아주머니는 환한 웃음과 간단한 목례로 먼저 인사를 건넨다. 나도 이내 그 아주머니를 따라 웃으며 인사했다. 산언덕 마을의 남루한 생활 속으로 파고든 그림은 고단한 일상을 살아가는 사람들 얼굴에 밝은 웃음을 피어나게 만든다. 그렇지 않아도 낮은 담장 안으로 살림살이가 다 들여다보이는 골목길을 누비고 다니기는 것이 미안하게 여겨지던 차였는데 골목에서 만난 아주머니의 환한 웃음은 '괜찮다'라며 오히려 낯선 여행자의 마음을 헤아리는 듯하다.

골목마다 각각 다른 주제 다른 느낌의 그림과 짧은 글귀가 적혀 있다. 눈앞의 벽에는 펭귄 옆에 나비와 나뭇가지 물고기가 그려져 있다. 묘한 조화다. 새로운 골목길로 들어서자 정면 벽에 작은 물고기가 헤엄치고 있다. 바다가 골목으로 들어온 듯했다. 그 그림을 보다가 나도 모르게 팔다리를 허우적대며 느린 동작으로 걸었다. 우주인의 유영을 흉내 내는 듯한 내 모습을 아무도 보지 못한 게 다행이다.

·· 꽃은 피어 낡은 담장을 물들이고

그렇게 골목을 벗어나 시멘트 계단이 있는 다른 곳으로 자리를 옮겼다. 이끼가 피어난 계단 한쪽으로 키 작은 풀들이 듬성듬성 자랐다. 더 좁아지는 골목을 따라 올라갈수록 집들은 허름해진다. 쇠창살과 가시철망 너머로 보이는 마당에는 그저 낡은 장독대와 몽당빗자루와 운동화 몇 켤레가 놓여 있는 것이 고작이다. 그런데 시커먼 녹이 덕지덕지 앉은 담장 위 쇠창살과 가시철망을 덧댄 담장에도 그림이 그려져 있어서 작은 꽃나무 혹은 담쟁이 넝쿨 같이 보이게 한다.

장어구이.

졸복해장국.

달아공원에서 바라본 풍경.

더 높은 곳으로 발길을 옮기니 눈앞에 다 쓰러져가는 담장이 나타난다. 옆에 커다란 고무통이 벽 아래 비스듬히 기대 있다. 그 낡고 닳은 담장에도 역시 붉은 꽃이 활짝 폈다. 바다로 난 붉은 벽의 창문이 달콤한 동화의 상상력을 불러일으킨다.

이제 언덕 꼭대기다. 그곳에는 몇 채의 집만이 고즈넉이 보인다. 어느 집 옥상에 걸린 형형색색 빨래가 바람에 나부끼고 있었다. 그 모양이 마치 만선의 깃발 같기도 하고 동피랑을 찾은 여행자에게 마을이 보내는 갈채 같기도 하다. 생활이 꿈이 되고 희망이 되는 꿈 같은 세상은 없을 지라도 그런 생각으로 살아가는 꿈조차 없어서야 되겠는가.

주변 여행지	달아공원, 미륵산 케이블카, 유치환 생가
가는 길	**내비게이션 검색_** 경상남도 통영시 중앙동 중앙시장 **자 가 용** • 대전통영고속도로 → 통영IC → 통영시청 → 중앙시장 **대중교통** • 강남고속버스터미널, 남부터미널 → 통영행 버스, 통영버스터미널 → 중앙시장 정류장(31번이나 41번 버스, 걸어서 5분 이내의 거리에 강구항이 있다)
걷기여행 100배 즐기기	• 강구안에서 동피랑길이 나 있는 산언덕 마을을 한번쯤 올려다보는 것도 잊지 말자. 감탄이 절로 나온다. 연인과 함께 걸으면 더없이 평화로운 산책길이 될 것이다. • 마을과 골목 바다와 하늘이 내뿜는 색의 조화를 잘 살펴봐야 한다.
산책 코스 및 소요시간	강구안 → 동피랑길 수십 갈래의 동피랑길 골목을 다 누비고 다닐 욕심이라면 1시간 정도는 골목에서 미로찾기를 해야 한다.

02. 충남 부여 궁남지 연꽃길

나에게 다시 사랑할 시간을 주신다면 뜨거운 태양 아래 내 몸이 다 녹아 흐른다 해도 당신을 향해 꽃피겠습니다. 서릿발 선 들판을 뒹굴고 칼바람이 망나니처럼 휘몰아치는 허공에서 마음은 갈기갈기 찢긴다 해도, 촛불 속 손가락이 견딜 수 있는 시간만큼만 당신을 사랑하게 해주신다면……

·· 끝이 보이지 않는 연꽃 바다, 궁남지

옛것들의 도시, 부여에 가면 사랑의 이름으로 만들어진 연못이 있다. '마를 캐던 소년이 서동요를 불러 신라의 공주를 신부로 맞이했다'는 이야기로 더 잘 알려진 궁남지(宮南池)다. 궁남지는 백제 무왕이 집권 말기에 궁의 남쪽에 만든 거대한 인공연못과 인공산을 말한다.

궁남지는 연못 크기만 1만 평에서 3만 평 정도다. 그러나 이 또한 전체가 아니라 일부에 지나지 않는다고 한다. 연못의 이름도 처음에는 큰 연못이라는 뜻의 대지(大池)였다. 얼마나 넓었기에 왕이 만든 연못에 다른 이름을 갖다붙이지 못하고 그저 대지라 했을까. 연못에 채워넣을 물을 얻기 위해 20여 리 밖에다 수로를 만들었다 하니 그 규모를 가히 짐작할 만하다.

여름길

    끝이 보이지 않는 연꽃의 바다 사이사이로 난 오솔길에서 그 옛날 무왕의 발걸음 위로 내 발걸음이 포개진다. 시대의 끝에서 백제의 부활을 꿈꿨던 무왕의 열정이 후세에 전해져 이곳에 저렇게 많은 연꽃을 피어나게 한 것은 아닐까? 아니면 한 여인을 향한 한 사내의 마음이 끝도 모를 인공의 연못과 그 연못 속 인공산을 만들었던 것은 아닐까. 무굴제국 황제 샤자한이 왕비 뭄타즈마할을 위해 세운 '타지마할'. 무왕은 이미 천 년 전에 사랑을 위해 10킬로미터 밖에서 물을 끌어와 드넓은 인공호수를 만들고 그 안에 인공산을 쌓았다. 나는 지금 그 위대한 사랑 앞에 무심히 서 있을 뿐이다.

    오늘도 궁남지는 한여름의 혹독한 더위를 다 이겨내고 다시 만날 세상을 약속하며 뜨겁게 작렬하는 태양빛 아래에서 연분홍 연꽃을 피우고 있다.

    하늘을 향해 꽃잎을 벌린 연꽃 위로 바람이 스쳐 지나간다. 땀방울이 솟은 여행자의 이마도 쓰다듬는다. 궁남지 연꽃은 옛것들의 소망을 담아 하늘을 향해 피어난다. 옛날처럼 꾸며놓은 연못으로 수양버들은 가지를 늘어뜨렸으며 건듯 불어가는 바람에 가는 몸통이 흔들린다. 햇볕을 피해 그늘 사이로 오가며 호

수와 연꽃밭을 기웃거리는 한 쌍의 남녀가 보인다. 호수의 분수가 물보라를 일으키고 그 옆으로 버드나무가 낭창거리는 풍경 앞에 멈춰 선 그들은 카메라 속에 그 시간을 넣는다. 뒤돌아서 나오는 내 등 뒤에서 연인의 웃음소리가 여운으로 남는다. 백제시대의 사랑이 연꽃과 함께 부활한 것이 아닐까.

·· **무왕의 꿈**

무왕은 집권 이전부터 수도를 익산으로 옮길 계획을 세웠다가 왕위에 오른 그 이듬해부터 조금씩 실행하였다. 익산 금마면에 가면 절터가 여의도 공원보다 넓은 미륵사지가 있다. 세월이 흐르면서 손실된 탓에 아직도 그 규모가 정확하게 파악되지 않으며, 절의 세부적인 아름다움 또한 제대로 전해지지 못한다니 아쉽다.

무왕이 당시에는 어느 나라에도 없던 규모의 큰 절을 수도 부여가 아닌 익산에 세운 것은 천도 계획의 하나였다고 볼 수 있다. 이를 뒷받침하는 것이 현재 부여에 있는 정림사지(定林寺址)다. 성왕 16년(538)에 백제의 수도를 공주에서 부여로 옮기면서 정림사라는 절을 세운 것이다. 역사적으로 종교는 천도에 따른 견제 세력의 입김을 잠재우고 백성들의 걱정을 없애며 국론을 하나로 모으기에 적절한 역할을 했다. 불교가 널리 퍼진 백제에서 정림사처럼 큰 절을 세우는 것은 새로운 세상의 사상적 구심으로 충분했다. 따라서 천도와 더불어 큰 절을 짓는 것은 새로운 시대를 여는 발판으로 삼기에 적당한 계획이었다. 익산의 미륵사 또한 그 역할을 충분히 할 것으로 여겨졌다.

익산 금마면 미륵사지에서 동쪽으로 5킬로미터 정도 가면 왕궁면 왕궁리라는 마을이 있다. 마을 사람들의 말에 의하면 아주 오래전부터의 명칭이라고 한다. 우연치 않게 지금 왕궁리 일대는 왕궁터 발굴 작업이 한창이다.

부여의 궁남지가 무왕의 낭만적 카리스마가 넘치는 곳이라면, 익산의 미륵사지는 국가를 통솔하는 권력의 거대함을 엿볼 수 있는 곳이다. 왕궁리가 어느 시대에 어떤 사람들이 사는 곳이었는지에 대한 설은 분분하다. 그 가운데 백제의 왕궁터라는 이야기가 꽤 유력하다. 역사적 상상력을 더해 옛이야기를 정리해보자면, 미륵사와 새로운 왕궁이 불과 5킬로미터 안팎의 거리에 놓여 있다. 무왕은 백제 부흥의 새로운 꿈을 담고 익산 천도라는 국가적인 사업을 추진했던 것이었음에 틀림없으리라. 그러나 무슨 이유에서인지 수도 이전 계획은 이룩되지 못했다. 익산 천도가 성공했다면 백제의 역사는 어떻게 바뀌었을까.

상상은 여행자의 발걸음을 가볍게 한다. 이미 마음속에는 미륵사 옛 절의 모든 것이 그대로 되살아났다. 절 안에 평등의 세상을 이룩하고 백성이 주인인 세상을 만들고자 했던 미륵이 깃들어 있어 보인다. 왕족의 핏줄임에도 마를 캐며

낙화암에서 바라본 백마강.

백마강.

살아야 했던 무왕은 미륵부처의 힘으로 평등 세상을 만들고자 했던 것은 아닐까.

·· 낙화암, 꽃바위의 꿈이 강물이 되어

부소산은 산을 둘러싼 부소산성과 낙화암, 고란사로 유명하다. 부소산성 정문으로 들어가면 백제의 마지막을 함께 한 계백, 성충, 홍수 등 세 사람을 기리는 삼충사(三忠祠)가 맨 먼저 나온다. 삼충사를 지나면 하늘이 보이지 않는 나무숲 산책로가 여행자를 맞는다. 여름 한낮 더위라서 그런지 소나무숲 그늘길을 걷는데도 땀이 구른다.

부소산성 산책길을 걷다보면 낙화암과 고란사를 만난다. 갑자기 바위를 깎아 만들어진 길이 가파르게 내려간다. 그 끝이 낙화암 바위절벽이다. 푸른 강줄기가 까마득히 내려보이는 단애(斷崖)의 꼭대기 바위에 섰다.

정자에서 보이는 백마강 줄기가 힘차게 휘어져 내달린다. 백마강은 하얀 모래사장을 만들었고, 푸른 풀 바람에 넘실거리는 초원도 펼쳐놓았다. 앞으로 굽이쳐 흐르는 백마강 줄기에서 거대한 역사의 힘이 느껴진다.

그 길로 내려가면 고란사다. 그 절벽 위에서 죽은 꽃다운 생명을 기리듯 낙화암을 머리에 이고 있는 것이다. 극락왕생을 비는 고란사 풍경소리를 뒤로 하고 선착장으로 발길을 돌린다. 그곳에서 구드래나루터로 가는 배를 탄다.

힘 다한 잎이 강물로 떨어진다. 여름에도 낙엽이 진다. 쩍쩍거리며 선착장 밑바닥에서 부서지는 강물을 바라보며 한 왕조의 마지막 순간 죽음보다 더한 고통을 마음에 품어야 했던 사람들과 그들의 스러지는 꿈을 생각한다.

주변 여행지   정림사지, 신동엽 생가, 백마강 유람선

가는 길

내비게이션 검색_ 충청남도 부여군 부여읍 동남리 117

자 가 용
- 천안논산고속도로 → 남공주IC → 40번 도로 부여 방향 → 부여 시내 → 미성삼거리에서 좌회전 → 정림사지 → 궁남사거리 직진 → 궁남지

대중교통
- 남부터미널 → 부여행 버스
- 동서울버스터미널 → 부여행 버스(오전 7시 10분부터 오후 5시 30분까지 8대의 버스가 운행)
- 부여버스터미널에 하차한 후 궁남지까지 걸어가면 된다.
- 기차를 이용할 경우 논산역에서 하차 후 논산~부여 시내버스를 타면 된다.

걷기여행 100배 즐기기
- 부여버스터미널에서 궁남지, 정림사지, 부소산성은 거리나 주변 경치가 직접 걸으면서 감상하기 좋은 곳들이다.
- 부소산성은 숲길이어서 그늘이 많다. 그 길 끝에 있는 낙화암까지 봤으면 고란사로 내려가 구드래나루 터로 가는 배를 타보는 것도 괜찮다.

산책 코스 및 소요시간

궁남지 → 정림사지 → 부소산성 → 낙화암 → 고란사 → 구드래나루터

궁남지는 운치가 뛰어나 뜨거운 태양 아래의 길을 40여 분 정도 걸어도 여행자는 피곤함을 느낄 수 없다. 버드나무 그늘 아래 혹은 정자 그늘에 앉아서 쉬었다 걷는 시간까지 1~2시간 정도는 걸린다. 그곳에서 만나는 연꽃과 수련의 아름다움은 뜨거운 여름햇살 아래 고된 발걸음을 감내할 만한 가치가 있다.

03. 전남 무안 도리포 바닷길

나의 일상에서 벗어나 다른 사람의 일상으로 들어가는 게 여행이다. 내가 어떤 여행지에서 음식을 팔고 있는 사람이라고 생각한다면 나의 가게를 찾은 여행자들은 나의 일상으로 들어온 것이다. 내가 만일 땡볕 아래 굽은 허리를 펴지 못하고 일하는 농부라고 생각한다면 여행자들은 길을 스치며 지나가는 차 안에서 나의 뒷모습을 보며 나를 들여다보는 셈이다. 여행지가 아니더라도 우리는 매번 그 어떤 곳으로 발길을 놓는다.

10만 평의 초록물결, 백련지

한낮의 열기에 풀포기가 시들하다. 작살같이 내리꽂는 햇살에 곤추선 그림자가 쨍쨍하다. 쨍쨍거리는 매미울음이 아지랑이 피어오르는 시골길 여름 정적을 더 깊게 만든다. 태양의 바다 한가운데 서서 가끔 부는 바람이 땀을 식혀주면 그때서야 큰 숨을 한 번 쉰다.

이른 새벽 일산을 출발해서 서해안고속도로가 시작되는 곳부터 마지막 관문인 목포톨게이트를 거쳐 일로IC로 빠져나왔다. 열기로 가득한 고속도로 위를 네 시간 정도 달려 도착한 곳이 무안군 일로읍에 있는 회산 백련지다. 연일 폭염주의보가 발령되는 여름 한복판에 뜨거운 태양이 이글거리는 중심으로 들어온 것이다. 그것도 그늘 하나 없는 연밭에 말이다.

순결한 시간 속에서

온몸으로 흐르는 땀을 느끼며 한 발짝 걸을 때마다 펼쳐지는 초록빛 연밭의 향연에 몸과 마음이 하나로 모아지고 눈이 맑아진다. 33만 580제곱미터(10만여 평)의 물위에 연꽃이 핀다. 연밭 사이로 난 길을 따라가면서 연꽃과 연잎을 본다. 수련이 피어난 연못에는 돌다리가 놓여 있다. 작고 예쁜 수련의 고혹적인 자태에 여행자들의 카메라마저 멈춘다.

　넓은 연잎이 접시안테나처럼 하늘을 향했다. 하늘에서 무엇을 내려받으려는 조화일까? 그렇게 하늘바라기가 된 연잎들로 연밭은 온통 초록 물결이다. 그 사이로 흰 연꽃이 군데군데 피었다. 초록과 어울린 흰빛의 연꽃이 더욱 순결하다. 효녀 심청이가 환생한 곳도 석가모니가 앉은 곳도 연꽃 위다. 정화의 과정을 거쳐 인간은 누구나 부처가 될 수 있다는 불교의 깨우침을 새삼 되새겨본다.

　정화의 과정은 반드시 고난과 역경의 골짜기를 지나야 한다. 초록 연잎이 하늘을 향해 활짝 날개를 편 이유는 이글거리는 태양의 열과 빛을 받으려는 조화일 것이다. 용광로에서 활활 타던 쇳물이 귀하고 단단한 물건으로 다시 탄생하듯 초록 잎으로 태양을 집어삼켜서 저렇게 흰 꽃을 피워낼 줄 아는, 그래서 더욱더 순결한 상징으로 피어나는 것이 연꽃이리라.

‧‧ '동다송' 초의선사를 만나다

　15년 전쯤 지리산을 다녀온 후배가 다기 세트를 선물한 적이 있다. 그때만 해도 다기 세트를 선물하는 일이 드물었다. 비싸기도 했지만 다도가 지금처럼 널리 퍼지지 않았기 때문이었다. 연일 술을 즐기던 나에게 다기 세트는 꽤나 의미 있는 선물이었다. 술을 줄이고 대신 차를 마시면서 건강을 지키라는 후배의 염려가 담겨 있었기 때문이다. 그러나 후배의 진심이 나에게 통한 건 사나흘에 불과했다.

　10여 년이 지난 뒤 이사를 하면서 먼지 쌓인 다기 세트를 발견하고는 그 자리에서 다기를 꺼내 작업실 한쪽에 놓아두었다. 그러면서 지리산 주변과 남도 쪽으로 여행할 때마다 차를 사 모았다. 심지어는 모 신문사 구독자 경품에 다기 세트가 나온 걸 보고 받아내기까지 했다. 그렇게 차향과 맛을 알게 되면서 지금은 차를 즐기게 되었다.

　초의선사가 우리의 차를 노래한 책인 『동다송』도 그때 읽었다. 이번 무안 여행을 계획하면서 그의 생가가 그곳에 있다는 것을 알고 여행의 의미를 하나 더 얻은 듯했다.

　　옥화 같은 차를 한 잔 마시니 겨드랑이에 바람이 일어
　　몸이 가벼워져 하늘을 거니는 것 같네
　　밝은 달은 촛불이 되고 또한 친구가 되며
　　흰 구름은 자리 되고 아울러 병풍이 되어주네

　　　　　　　　　　　　　　– 초의선사, 『동다송』 16절 '동다송' 중에서

여름길

초의선사 탄생지는 무안 삼향면 왕산리에 있다. 백련지를 다 돌아본 나는 초의선사가 극찬한 우리의 차문화를 살피기 위해 그의 탄생지로 향했다. 시골마을에 조성된 시설물치고 꽤 정성을 들인 모양이다. 그곳에는 초의선사 생가와 그의 일대기를 알 수 있는 기념전시관, 우리나라차의 발달과정을 한눈에 볼 수 있는 차문화관 등이 있다.

입구를 통과해 걷다보면 오른쪽에 작은 연못과 한옥이 나란히 놓여 있다. 초의지와 용호백로정이다. 연꽃 피어난 연못 위에 기와로 된 한옥 건물이 떠 있는 것 같은 느낌이다. 용호백로정에 오르니 앞뒤로 트인 한옥 대청마루 구조 때문인지 시원한 바람이 그치지 않는다. 마루에서 바라보는 연못은 운치가 있다.

더 위로 올라가면 초의선사가 정진하며 『동다송』을 완성한 작은 초가가 있고, 그 위로 기념관과 그의 사당인 다성사가 있다. 가장 높은 곳에 위치한 다성사에 오르면 눈 아래로 탁 트인 풍경이 펼쳐진다.

옆으로 내려가는 길을 따라가면 나무로 지은 한옥인 차문화관이 나온다. 안으로 들어가니 나무향이 은은하면서도 강렬하다. 차와 관련된 물건들이 전시되어 있다. 전시품 하나하나의 모양과 색만 봐도 인사동 같은 곳에서 파는 요즘 다기 세트의 가벼운 느낌이 전혀 없다. 그윽한 차향에 어울리는 깊은 아름다움이 있다.

초의선사의 생가는 작은 초가다. 생가를 둘러보고 나오는데 나리꽃이 땅을 향해 피었다. 벌과 나비가 한곳에 앉지 못하고 정신없이 꽃 주위를 날아다닌다. 파란 하늘에 흰 구름을 배경으로 나비가 잠시 머물고 있는 주황빛 나리꽃을 사진에 담았다.

'동다송'에서 그가 '옥화 같은 차를 한 잔 마시니 겨드랑이에 바람이 일어 몸이 가벼워져 하늘을 거니는 것 같네'라고 노래한 것처럼 초의선사를 바라보고 돌아 나오는 발걸음이 가벼웠다. 그윽한 향을 머금은 차 한 잔을 마신 기분이다.

·· 희망으로 가는 길

뜻하지 않은 곳에서 만난 뜻밖의 풍경은 여행자에게 달콤한 휴식을 선물한다. 도리포가 그랬다. 나는 홀통유원지를 지나 도리포유원지를 향해 가고 있다. 도리포로 가는 이정표는 직진이지만 길가에 있는 또 하나의 이정표에 '도리포 우회전' 표시가 돼 있다. 아마도 옛 표지판인 듯하다. 나는 잘 닦인 도로로 가지 않고 우회전해서 옛길로 접어들었다. 길이 좁아지면서 시골마을 풍경이 눈앞에 펼쳐진다.

자동차의 에어컨을 틀어도 땀이 계속 흐를 정도로 더운 날씨에도 불구하고 밭을 매는 사람들의 모습이 보인다. 붉은 흙 위로 돋아난 초록 물결에 묻힌 굽은 등이 넘실대는 파도 같다.

도리포로 가는 길가 허리 굽혀 일하는 그들의 모습에서 싱싱한 바람이 인다. 지금 내가 달리고 있는 이 길이 희망의 나라로 가는 길이 아닐까.

·· 길 끝에서 시작되는 꿈

바다가 길과 조금씩 가까워진다. 풍경에 취하면서 차의 속도도 점점 줄어든다. 천천히 차를 달리다 결국 멈춘 곳은 송계어촌체험마을이었다. 갯벌 위에 몇 명의 사람들이 보인다. 아이와 엄마도 있고 작은 배 곁에서 낚시를 하는 아저씨도 보인다. '갯벌체험'을 알리는 낡은 표지판 보다는 한적한 시골 바닷가 풍경에 마음이 끌린다.

그렇게 달려 도착한 곳이 바로 도리포다. 바다로 향한 작은 배들이 밧줄에 묶여 일렁이는 파도 따라 들썩인다. 순식간에 밧줄을 끊고 수평선 저 너머로 떠나려 하는 것은 아닐까. 바다가 보이는 길가에 파라솔을 펴고 간이의자에 앉았다. 탄산음료를 한 모금에 다 마시고 청량한 바다를 바라보고 있노라니 바람이 사방에서 불어와 머리카락을 헝클어 놓는다.

길 건너편 가게에서 달려나온 아이가 세발자전거를 타고 내 쪽을 향해 온다. 낯선 사람에 대한 경계가 전혀 없다. 나는 환하게 화답해 주었다.

·· **길이 끝나는 태양의 바다, 도리포**

도리포는 길의 끝이다. 그 끝에 정자가 하나 있고 그 뒤에 갯바위가 봉긋 솟았다. 그 너머는 온통 바다다. 바닷가에 솟은 갯바위 위로 올라갔다. 바다 건너 함평과 영광이 한눈에 들어온다.

방파제에서 낚시를 하는 청년 몇 명이 보인다. 바다가 보이는 팔각정 아래에는 부부 동반으로 놀러온 사람들이 한 자리 펼쳤다. 아까 보았던 그 동네 아이가 세발자전거를 타고 바닷가 도로를 오간다. 희망봉이라 불리는 갯바위에 꽂혀 있는 깃발이 바닷바람에 나부낀다.

더 이상 차가 달릴 수 없는 길의 끝, 바다가 시작되는 도리포. 작은 바닷가 마을에 횟집 몇 개가 문을 열었다. 햇볕도 기울어 황금색으로 그윽히 빛나는 바닷가에 머물고 싶었다. 여행이 아닌 일상처럼 그곳에서 나도 고즈넉한 바닷가 풍경이 되고 싶었다. 도리포를 나와 서울로 향하던 길에서 먹구름 사이로 피어는 무지개를 보았다. 아! 희망봉에 새겼던 나의 꿈에 대한 당신의 희망인가.

| 주변 여행지 | 톱머리해수욕장, 홀통유원지, 항공우주전시관 |

| 가는 길 | **내비게이션 검색_** 전라남도 무안군 해제면 송석리

자가용
- 회산 백련지_ 서해안고속도로 → 일로IC에서 우회전 → 일로읍 월암9리 사거리에서 무안읍 방면 좌회전 → 일로읍 용산리에서 무안 방면 좌회전 → 백련지
- 초의선사 탄생지_ 서해안고속도로 → 목포IC → 무안 방향 → 남양제 초의교 지나 무안미술관 방향 → 초의선사 탄생지
- 도리포_ 무안광주고속도로 → 무안공항IC → 망운교차로 현경방면 우회전 → 24번 국도 송정방향 좌회전 → 토치삼거리 77번 국도 우회전 → 도리포 유원지(토치삼거리 가기전 수암교차로에서 우회전해서 용산 방면으로 차를 달리다 보면 바다가 보이기 시작한다. 그 길끝이 도리포다)

대중교통
- 강남고속버스터미널 호남선에서 무안 가는 버스가 오전 8시 30분, 오후 4시 20분에 출발
- 강남고속버스터미널 호남선 → 전남 광주 → 무안행 버스
- 무안버스터미널 → 도리포행 직행버스
- 백련지까지 가는 버스는 없다. 무안버스터미널 앞에서 800번 좌석버스를 타고 일로읍사무소 앞에서 내린 뒤 택시를 타야 한다. 택시를 타면 기본요금 정도 나온다. |

| 걷기여행 100배 즐기기 | 백련지는 개화기 때 매일 오전 9시~오후 6시 개방한다. 어린이와 청소년 입장료는 2,000원, 성인은 3,000원이다. 비개화기 때는 오전 9시~오후 5시 개관하고 어린이와 청소년 1,000원, 성인 2,000원이다. 매주 월요일과 국경일은 휴관이다. |

| 산책 코스 및 소요시간 | 백련지 → 초의선사 탄생지 → 도리포

백련지를 돌아보는 데 1시간 정도는 잡아야 하며, 백련지에서 도리포까지 자동차로 20~30분 정도 걸린다. |

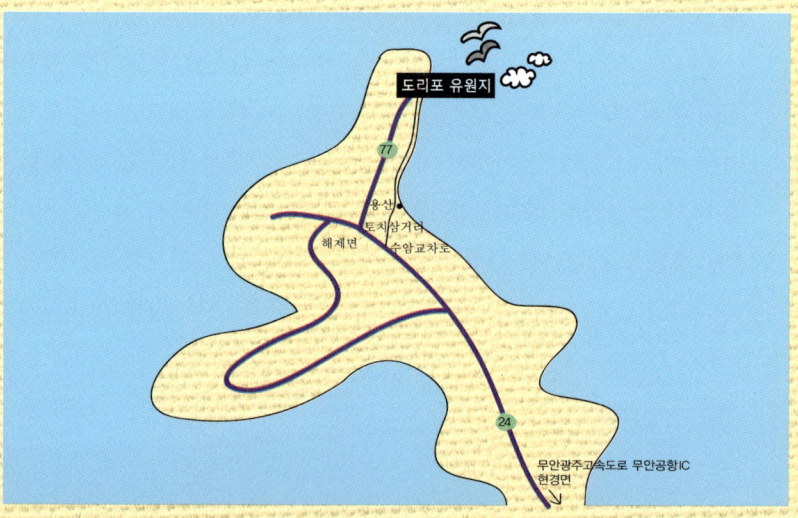

04. 강원도 양양 계곡길

쨍쨍한 햇볕 속 선선한 바람 한 줄기, 시냇물 위로 날아다니는 잠자리에서 얼핏 가을이 느껴진다. 석교리부터 둔전리 계곡까지 이어지는 길은 길가 작은 마을의 속내를 다 훑어보는 길이기도 하다. 자연과 그 속에서 살고 있는 꾸밈 없는 사람들의 옛 살림이 파란 하늘 아래 소박하게 드러나 있었다.

·· 불꽃의 형상으로 타오르는 저 바위능선을 넘어

울긋불긋 불붙은 단풍과 저 멀리 불꽃의 형상으로 타오르는 바위능선을 처음 접한 것은 스무 살 때였다. 세상에 막 첫발을 내딛는 젊은이에게 한계령 정상은 큰 울림을 주었다. 일상에 짓눌릴 때마다 다시 찾겠노라는 결심을 했지만 막상 그 후로 딱 한 번 이곳에 왔었다.

다시 찾는 한계령에서 지난날의 울림을 느낄 수 있을까? 차창을 내리고 그곳의 바람을 먼저 느낀다. 바람에 머리카락이 사방으로 날리고 옷깃 속으로 찬 기운이 파고든다. 열렬했던 포옹처럼 바람이 오랜만에 그곳을 찾은 여행자를 감싸안는 듯하다.

한계령.

·· **저 계곡을 거슬러 오르는 힘찬 물고기처럼**

계곡 중 어느 곳에 오를지를 미리 결정하고 오지 않았기 때문에 양양 시내의 장터를 돌며 이것저것 알아보았다. 낯선 여행지에서 어떤 여행책자보다 살아 있는 정보를 갖고 있는 사람은 역시 택시기사다. 그래서 택시를 잡아탔다.

예상대로 택시기사에게서 여러 계곡의 특성과 장단점에 관한 설명을 들을 수 있었다. 설악의 깊은 곳에서 흐르는 천불동, 수렴동, 백운동과 같이 많이 알려진 계곡보다는 자연 그대로 남아 있는 계곡의 모습이 보고 싶었다.

결국 법수치, 어성전, 미천골, 공수전, 둔전계곡 중에서 나는 둔전계곡을 선택했다. 대청봉으로 오르는 오래된 등산로가 둔전계곡에서 시작된다는 말이 계곡 여행지 선택에 결정적인 영향을 미쳤다. 오래됐다는 것은 '지금은 사람이 찾지 않는' 이라는 뜻으로 해석할 수도 있다. 택시기사가 둔전계곡 등산코스에서 대청봉까지 거리가 꽤 멀다고 설명해준다. 둔전계곡은 이런저런 이유로 사람들의 발걸음이 뜸해진 것이다.

둔전계곡.

·· **석교리와 진전사지 삼층석탑**

둔전계곡으로 가려면 석교리계곡과 간곡리계곡을 거쳐야 한다. 한 계곡 물줄기에 세 개의 마을이 자리잡고 있었다.

여름길

석교리는 계곡이라기보다는 마을 어귀의 작은 시냇물에 가깝다. 물길을 정비해 안전하고 편안하게 물놀이를 즐기게 만든 마을유원지다. 맑은 물이 알맞게 흐르고 있었으며 주변에 쉴 그늘도 많다. 논과 밭이 있고 좁은 길이 구불거리는 평범한 시골마을과 그 마을 앞 냇가 풍경이 석교리에 자리하고 있다.

그 물길을 거슬러 오르면 간곡리다. 물길에 돌이나 작은 바위들도 점점 많아지고 물도 숲도 점점 깊어진다. 드디어 간곡리 계곡을 가로지르는 간곡교를 건너 차 한 대 지나다닐 정도의 길로 접어든다.

시간은 늦은 오후의 햇살처럼 느리게 흘렀다. 길가 옥수수밭은 옛 마을 풍경 그대로다. 담 없는 집 헛간 벽 아래 '골드스타' 마크가 찍혀 있는 텔레비전이 놓여 있다. 슬레이트 처마 아래는 겨우내 땔 장작이 쌓여 있다. 흙먼지 쌓인 길가 텃밭의 고춧잎이 간혹 불어가는 바람에 흔들린다.

간곡리를 지나 둔전리로 접어들면서 마을은 사라지고 예쁘게 지은 펜션이 눈에 들어온다. 펜션이 자리 잡은 곳 아래에는 깊은 숲과 바위 사이로 푸른 계

간곡리계곡. 석교계곡.

곡물이 흐른다. 계곡으로 내려가는 길이 안 보이니 길 위에서 아래 계곡의 깊이를 가늠해야 한다.

고압선 송전탑이 어울리지 않게 서 있는 길을 지나다 보니 길 오른쪽에 '진전사지 삼층석탑(陳田寺址三層石塔)'이 보인다. 아까부터 진전사라는 이정표가 있었던 걸로 봐서 이 근처에 절이 있는 듯하다. 진전사는 옛 절터만 남아 있는 원래 자리에서 더 올라간 곳에 새로 지어졌다.

옛 절터를 말해주는 석탑 앞에 섰다. 석탑의 유래와 양식 등을 알리는 안내판을 읽는데 낯익은 이름들이 나온다. 고려의 승려였던 보조국사 지눌도 진전사에서 머물며 도를 얻었고, 삼국유사를 지은 일연 또한 이곳에서 머리를 깎고 도를 얻어 대각(大覺)이 되었다고 한다.

귓가를 울리는 계곡의 폭포소리, 물소리, 깊이를 가늠할 수 없는 바위 웅덩이, 가슴을 뚫는 숲의 청정한 공기, 계곡 숲 위를 덮은 푸르른 하늘 사이에 서서 신선한 자연이 열리는 것을 오감을 통해 느낄 수 있었다. 물길을 거슬러오르는 물고기의 뒤를 따라가본다.

그날 밤 나는 모닥불을 피우고 폭죽을 터뜨리며 노는 아이들 사이에 앉았다. 깔깔대는 아이들의 웃음소리가 계곡 어둠속으로 퍼진다. 활활 타오르는 모닥불 속에서 춤추는 불꽃을 응시했다. 서서히 아이들 목소리가 멀게 느껴지면서 정신이 아득해지는 순간 한계령에서 보았던 불꽃으로 타오르는 바위능선을 그 속에서 다시 보았다.

여름길

양양여행 중에 함께한 불꽃놀이.

해수관음상이 있는 곳에서 내려다본 낙산사 의상대.

주변 여행지 낙산사, 하조대, 어성전계곡

가는 길

내비게이션 검색_ 강원도 양양군 강현면 석교리

자 가 용
- 고속도로_ 동해고속도로 → 현남IC → 7번국도 양양·낙산·속초 방향 → 낙산사 → 낙산사에서 나와 속초방향 → 공항삼거리에서 공항 방향 → 석교리 → 간곡리 → 둔전리
- 국도_ 서울 → 양평 → 6번국도 → 홍천 → 44번국도 → 인제 → 한계령 → 양양 → 7번국도 → 낙산사 → 낙산사에서 나와 속초 방향 → 공항삼거리에서 공항 방향 → 석교리 → 간곡리 → 둔전리

대중교통
- 강남고속버스터미널이나 동서울터미널 → 양양고속버스터미널 하차 → 시외버스터미널로 이동 → 석교리 방향 버스 탑승
- 둔전계곡까지 가는 버스는 없으므로 석교리에서 내려 둔전계곡까지 걸어야 한다. 걸어서 40~50분 정도 걸린다.

걷기여행 100배 즐기기
- 석교계곡, 간곡계곡, 둔전계곡 부근에서 물놀이를 할 수 있다. 아이들과 놀기에는 석교계곡이 좋고, 거친 자연의 숨소리를 듣고 싶으면 둔전계곡으로 가야 한다.
- 다른 교통수단 없이 계속해서 걸어야 하기 때문에 햇볕에 그을리기 싫다면 자외선차단제를 준비하는 것이 좋다.

산책 코스 및 소요시간 석교계곡 → 간곡계곡 → 둔전계곡

석교계곡부터 둔전계곡까지 갔다가 나오는 데 약간 여유 있게 잡으면 2시간 정도 걸린다.

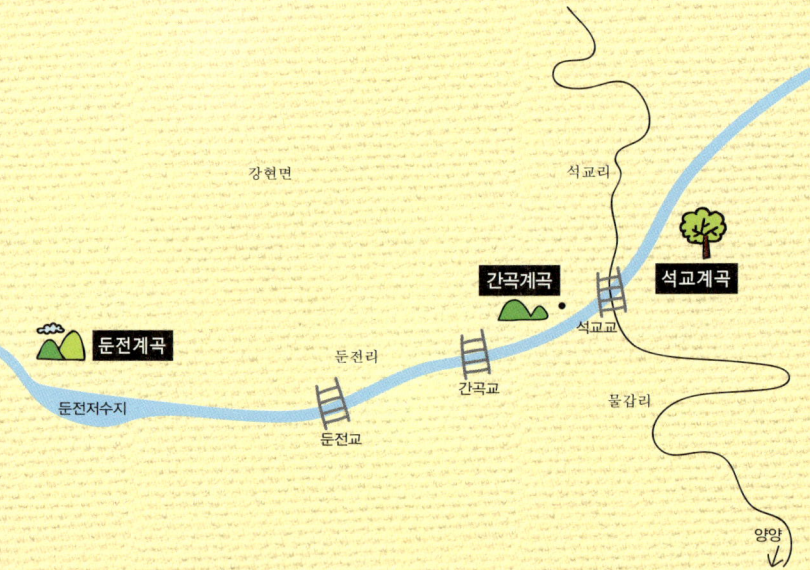

05. 제주 평대리 비자림 산책길

안개가 미처 숲을 빠져나가지 못했을 때 왔어야 했다. 이른 아침 하늘을 가린 나뭇가지 사이로 내려오는 햇볕 기둥이 안개에 닿아 퍼질 때 그 숲을 보았어야 했다. 땅으로, 수풀 위로 스멀스멀 피어오르는 안개에 길이 사라진 비자나무숲이어야 했다. 그래야 세상 사람들이 또 하나의 전설을 이야기하며 제주를 찾을 것만 같았다.

·· 천년의 숨결이 만들어낸 거대한 숲

아주 오래전 제주에는 돌과 바람과 여자들로 가득했다. 오죽하면 삼다도(三多島)라 불렸을까. 제주를 찾는 여행자들 사이에서 '비자림'이 오르내리기 시작한 것은 불과 몇 년 전이다.

제주공항에서 부지런히 차를 달려 드디어 비자림 앞에 도착했다. 산호가 부서진 옥빛 바다보다, 성산의 일출보다, 한라산의 설경보다 안개에 휩싸인 비자나무숲이야 말로 제주 여행지의 으뜸이라던 여행자들의 탄사를 기억하고 있었기에 비자림 속 가득히 안개가 피어오르기를 기대했다. 그러나 이곳에 도착한 시간은 안개가 피어나기에 너무 늦은 시간이었다.

나의 게으름을 질책하며 숲으로 걸어 들어갔다. 숲 속으로 들어가면 오로지 녹색나무와 풀, 야생화, 새와 벌레들뿐이라 고즈넉하기까지 하다. 오르막길 없는 숲은 삼림욕을 만끽하며 천천히 걷기에 안성맞춤이다. 인체에 유용한 물질이 나무에서 가장 많이 방출된다는 오전 10시부터 오후 2시까지 사람들이 붐빈다. 바닥이 세라믹이라 맨발로 걸어다니는 사람들도 눈에 많이 띈다.

늘 푸른 비자나무의 단단한 껍질은 갈색뿐만 아니라

여름길

회색빛이 돈다. 그래서 비자숲은 갈색과 회색이 섞여 보인다. 4월에 꽃이 피고 열매는 10월에 열린다. 자주색으로 영그는 열매를 '비자'라고 한다. 삼천 그루에 가까운 비자나무숲 전체가 천연기념물이다.

　스코리어(scoria)라는 잘잘한 붉은 돌길로 조성된 산책로를 따라가다보면 하늘을 가리고 있는 비자나무숲을 만나게 된다. 얼기설기 짜인 저 높은 곳의 나뭇가지가 하늘을 덮었다. 빛 한 줄기 들어오지 않는 숲은 묘한 분위기를 만들어내고, 구불거리는 줄기와 가지들이 괴기스럽게 느껴진다. 빛도 걸러 들고 바람도 수직으로는 불지 않는다. 자연 그대로의 숲이 여행자를 부르는 것 같다.

·· **새천년 비자림**

　산책로 중간쯤, 조금 더 지났을까? 813년 수령의 비자나무가 보인다. 이 나무는 비자림의 대표 나무인 '새천년 비자나무' 다. 2000년 뉴밀레니엄 기념으로 이러한 이름이 붙여졌다고 한다. 이 새천년 비자나무 앞의 돌무덤에서 모든 여행자가 한 번쯤 걸음을 멈추게 된다. 그렇게 사람들의 발걸음을 유혹한 세월은 최소한 팔백십삼 년이 넘었을 것이고 이미 썩어 거름이 되어 새 생명을 일궈낸 나무들의 세월까지 더하면 이 숲의 유혹은 아마도 천 년은 넘었을 것이다.

비자림의 대표 나무인 '새천년 비자나무'

    수천 그루의 비자나무와 몇몇 다른 종류의 나무들 그리고 비자란, 풍란, 콩짜개란 등 각종 난들이 서식하는 이곳은 세계 최대의 비자림군락이라고 알려져 있다. 그러나 이곳을 여행하는 여행자들을 유혹하는 것은 '세계 최대'라는 수식어가 아니라 숲이 내뿜는 기운이다. 멈추었다가 쉬고 다시 걷는다. 그때서야 생각이 났다. 내가 서 있는 지금 여기 땅과 풀숲에서 안개가 피어오른다면 어떨까? 그 누군가 얘기했던 '안개 피어나는 비자림숲'을 상상해 본다. 울창한 비자나무숲 속은 그냥 걷기만 해도 그동안 심신에 쌓였던 피로가 싹 가시고 온몸으로 상쾌함을 느낄 수 있다.

·· 그들은 천년 숲길을 걷고 있었다

새천년 비자나무를 돌아나오며 생각했다. 비자림은 사람의 몸과 마음에 생기를 북돋우는 비타민과 같다. 비자림숲은 단정하게 꾸며 놓은 곳이 아니다. 구불거리며 자라는 자연의 생명력이 활기차게 느껴진다. 아주 느린 속도로 비자림 숲길을 걸은 이유도 거기에 있다. 시간에 쫓기고 일에 치여 있는 도시 사람들의 무표정한 발걸음에 밝은 빛을 선물할 수 있는 곳이다.

이곳에서는 시간조차 도시의 그것보다 아주 느리게 흘러간다. 푸른 생명이 내뿜는 신선한 기운과 천년 숲이 간직한 흙의 향기를 코로 입으로 피부로 호흡하고 있노라면 내 몸에도 푸른 물이 오르는 것 같다. 머리카락부터 발톱에까지 끼어 있는 혼잡한 도시 속 삶의 찌꺼기와 마음에 찌든 근심이 몸 밖으로 떨어져 나가는 것 같다. 그런 숲길을 더 오래 걷고 싶은 마음에 걸음이 느려진다.

빠른 걸음으로 20~30분이면 충분한 산책로지만 1시간이 넘게 그 숲을 거닐었다. 숲에는 한 명의 여행자와 유모차에 아기를 태운 젊은 부부와 중년의 부부밖에 없다. 때로는 사람 소리가 귀를 쨍쨍하게 울리며 거슬릴 때가 있는데 이곳에서는 발자국 소리조차 천년의 숲이 빨아들여 아무 소리도 들리지 않는다. 나뭇가지를 스치는 바람 소리와 새 소리가 아주 간간이 들릴 뿐.

이끼 낀 돌담과 나무들, 흙으로 다져진 길이 눈앞에 펼쳐진다. 저 길 앞에 아까 보았던 중년의 부부가 걸어간다. 그들의 뒷모습에 백년해로를 서약하고 막 하나가 된 오래전 어느 날이 얼비친다. 가는 길 내내 놓지 않는 손으로 저들은 무슨 대화를 나누었을까? 그들의 뒷모습을 보면서 사랑해서 만나고 사랑으로 하나가 되었던 때를 생각했다.

행복하고 기쁜 날들과 함께 생활 속에 옹이처럼 박혀 있는 반목의 시간들도

떠올랐다. 시간이 지나면 맺힌 앙금이 사라질까? 단단해진 옹이가 새잎의 연초록 풀빛으로 부드러워질 수 있을까? 끝내는 모든 반성의 시간을 지나 저렇게 중년의 부부처럼 길 끝까지 손 잡고 초록의 발걸음을 나란히 걸을 수 있을까?

성산일출봉 아래 바다로 내려가는 길에서 본 풍경.

주변 여행지	미니미니랜드, 성산일출봉
가는 길	**내비게이션 검색_** 제주시 구좌읍 평대리 산 15 **자 가 용** • 제주공항 및 부두 → 1132번 지방도로 → 함덕 → 김녕 구좌읍 삼거리 → 평대리 → 비자림 숲길 **대중교통** • 제주버스터미널 → 김녕 → 비자림행 버스(제주버스터미널에서 김녕까지는 20분마다 1대씩, 김녕에서 비자림까지는 오전 7시 40분부터 오후 6시까지 하루에 8대가 운행)
걷기여행 100배 즐기기	• 비자림 숲길은 인공적으로 가꾸지 않아서 신비스럽다. 거기에 안개가 끼는 날이면 그 신비함이 더해진다. • 비자림 입장료: 어린이 및 청소년 800원, 어른 1,500원
산책 코스 및 소요시간	비자림 넉넉히 비자림을 둘러보는데 약 1시간 정도 소요된다.

06. 경북 봉화 구마동 계곡길

내가 있는 곳이 현실세계가 아닌 것 같은 착각에 빠진 적이 있는가? 구마동 계곡은 흔히 볼 수 없는 계곡 풍경이다. 하늘을 가린 숲 아래 거대한 뿌리가 엉키고 이끼 낀 바위가 그 사이를 메우고 있는 산의 절단면은 여행자의 마음을 잔뜩 긴장하게 만든다.

·· 하늘을 가린 숲과 물의 계곡

구마동 계곡에는 1,567미터 높이의 태백산에서 시작된 물이 20킬로미터에 걸쳐 흐른다. 풍수지리설에 따르면 이 계곡에 아홉 마리의 말이 한 기둥에 매여 있는 구마일주(九馬一柱)의 명당이 있다 해서 구마계곡 혹은 구마동 계곡이라고도 불린다고 한다.

구마동 계곡은 들머리부터 심상치 않다. 도로에서 계곡으로 들어가는 길에 있는 다리는 현실과 또 다른 세상을 이어주는 듯했고, 신비의 세계로 들어가는 입구처럼 느껴졌다. 이 다리를 건너면 거대한 몸집의 공룡이 살던 1억 5천만 년 전 백악기로 돌아가거나 아니면 신비한 생명체가 무리를 지어 살고 있는 전설의 숲으로 들어가 더 이상 현실 세계로 돌아오지 못할 것만 같다.

계곡이 시작되는 잔대미부터 사람 사는 마지막 집이 있는 간기까지 계곡이 20킬로미터 정도 이어진다. 간기에서 상류로 올라가는 계곡도 20킬로미터인데 그곳은 산짐승과 새들만이 살고 있는 신령한 땅이다. 계곡에 물안개가 피어오르는 모습이 제법 선경답다.

 차 한 대가 간신히 들어갈 수 있는 정도의 구마동의 산책길 중에서 바위에 나무뿌리가 뒤엉킨 곳을 지날 때면 음습한 기운에 으스스한 느낌이 들 정도다. 계곡으로 가는 동안 이런 길들이 계속 이어진다. 오랜 세월 동안 단단하게 다져진 흙과 바위가 뱀처럼 구불거리는 거목뿌리와 뒤엉켜 있다. 길 쪽으로 기울어 있는 그 형국이 금방이라도 지나가는 여행자의 몸을 덮칠 것 같다. 길 왼쪽은 계곡으로 직하하는 낭떠러지다. 잘려나간 산의 단면에서 물이 줄줄 흘러 길을 덮고 있었다. 영화 〈반지의 제왕〉에 나오는 괴물의 땅처럼 괴기스럽기까지 하다. 이 모든 게 한꺼번에 몰려드는 것처럼 느껴지자 소름 돋는 두려움에 휩싸여서 발걸음을 재촉한다.

·· 그 깊은 계곡에 사람이 살고 있었네

 아직 가야 할 길이 8킬로미터 남짓 남았다. 아직까지는 계곡물로 내려가는 길이 보이지 않는다. 산자락이 끝나는 곳부터 사람 냄새가 풍긴다. 잔대미부터 간기까지 이어지는 20킬로미터의 계곡을 따라 들어선 집들은 마을을 이루

지 못하고 한두 채씩 띄엄띄엄 있다. 비탈진 밭 한가운데 집 한 채가 덩그러니 놓였다.

계곡사람들은 비탈밭에서 채소나 당귀 같은 한약재 농사를 짓는다. 계곡으로 떨어지는 낭떠러지 말고는 주변이 산과 절벽뿐이다. 그야말로 첩첩산중이란 말이 이 계곡에 딱 어울린다. 계곡 상류로 들어갈수록 눈과 귀, 코와 심지어 숨구멍까지 계곡의 숨결에 익숙해진다.

계곡으로 4~5킬로미터 정도 들어가니 왼쪽으로 풀이 무성한 길이 보였다. 그 길 끝에는 한때 대문이 달려 있었을 것 같은 두 기둥이 남아 있고, 나무에 파묻힌 작은 건물이 보였다. 아담한 마당이 온통 풀밭이다. 핸드볼 골대와 축구 골대가 녹슨 채 잡풀에 덮여 있다. 한때는 재잘거리는 아이들 목소리가 산골짜기를 가득 메웠을 텐데 지금은 건물만 남아 있다.

1962년 이 계곡에 문을 연 '고선 국민학교'는 1992년 3월 1일 폐교됐다. 삼십 년 동안 이 학교를 졸업한 140명의 아이들은 지금 어디에서 무엇을 하고 있을까? 마지막 수업은 어땠을까? 선생님과 어린 학생들은 마지막 종례시간에 어떤 얘기를 나누었을까? 마지막 교가를 부르던 그들의 눈에는 눈물이 고였을까? 그들이 울먹이는 목소리가 저 깊고 푸른 계곡을 가득 메웠을지도 모르겠다.

낡은 건물 유리창으로 들여다본 교실은 역시나 폐허다. 그러나 시골 초등학교 운동장만큼은 언제나 따뜻하다. 학교에서 나와 오늘 일정의 마지막 지점인 노루목 황토민박집까지 서둘러 걸었다. 해질녘 계곡은 물이 부풀어 오르고 물소리가 더 커진다. 급해지는 마음 따라 발걸음이 재다.

허름한 표지석만이 옛 초등학교 자리임을 알려주고 있다.　　지금은 폐교된 구마동 계곡의 '고선 국민학교'.

·· 한낮에도 물안개 피어오르는 곳

　상류 계곡물은 푸르른 숲의 그림자 때문인지 시원한 바람을 머금어서인지 청옥빛이 깊다. 간혹 물결이 바위에 부서지거나 폭포처럼 퍼붓는 곳에서는 그 색이 옅어져서 서늘한 바람이 이는 모시장삼 같다. 계곡을 따라 걷는 길에 비가 오락가락했지만 이곳에서는 비조차 지루하지 않다. 산 깊은 계곡에 비가 내리면 낮에도 물안개가 자욱하게 피어난다.

　계곡상류로 가면서 잎 넓은 나무들 사이에 침엽수들이 보인다. 일렬로 서 있거나 무리 지은 침엽수는 그 자체로도 장관이지만 삼각형 구도의 침엽수가 군락을 이루고 있는 곳에 물안개가 피어오르면 그 또한 선경이다.

　특히 비오는 날의 구마동 계곡은 이제까지 경험하지 못한 색다른 느낌이 온몸을 휘감아 돈다. 민박집에서 길을 따라 올라가다보면 바로 계곡물로 들어갈 수 있는 곳이 자주 나온다. 한여름에도 나무숲이 우거져 햇빛을 걱정할 필요가

없다. 계곡에 몸을 담그고 드러누웠다. 바람이 차가웠지만 물은 따듯했다. 물 건너 바위틈에 이름 모르는 꽃이 피었다. 하늘과 구름이 보였고 숲과 물이 바람과 함께 머물러 있다. 바람에 꽃줄기가 흔들린다. 나는 꽃을 딴다.

·· 가을 단풍이 괜찮다나!

　구마동 계곡은 하류부터 상류로 올라가면서 잔대미, 중리, 마방, 노루목, 북말, 큰터, 도화동 등 자연마을을 품고 있다. 그중 구마동 계곡에서 가장 넓은 땅

여름길

이 있다 해서 붙여진 '큰터'에 살고 있는 안세기 할아버지를 만났다. 13살 때 들어와 육십여 년 동안 이곳에 살고 있는 할아버지에 따르면 한때 20킬로미터 계곡을 따라 백오십여 가구가 살고 있었다고 한다. 계곡하류와 상류에 초등학교가 각각 하나씩 있었을 정도라니 마을의 규모를 짐작할 만하다. 일제강점기 때는 금채굴과 벌목을 위해 일본 사람들까지도 이곳에 상주했다고 하니 많은 사람들이 계곡에서 살았을 것이다.

할아버지는 담배에 불을 붙이며 좋았던 시절 얘기를 덧붙인다. 한때는 5리, 10리 거리를 두고 계곡을 따라 주막이 있었다고. 하루에 이 계곡에서 없어지는 막걸리만 해도 열 말은 충분히 넘었단다.

여름길

하루일을 마치고 큰터나 노루목에 사는 사람들이 모여 막걸리 한잔 거나하게 걸친 밤이면 할아버지는 가로등도 없는 그 계곡길을 휘청거리는 달빛에 의지해 집으로 돌아왔단다. 그렇게 그리움 가득한 세월이 계곡물처럼 흘러간다. 할아버지는 인사를 하고 돌아서는 나에게 가을에 다시 오라신다. 계곡 단풍이 괜찮다나!

| 주변 여행지 | 백천계곡, 닭실마을, 사미정계곡 |

가는 길

내비게이션 검색_ 경상북도 봉화군 소천면 고선리
자가용
- 중앙고속도로 → 풍기IC → 우회전 3번 → 36번 도로 → 봉화 → 현동리
- 춘양삼거리를 지나서 노루목터널을 빠져 나오면 태백과 울진으로 갈라지는 곳이 나온다. 여기에서 태백 방향으로 가다보면 고선2리 표지판이 나오는데 좌회전 후 다리를 건너 계곡을 따라 쭉 들어가면 된다.

대중교통
- 동서울버스터미널 → 봉화버스터미널 → 태백 방면 버스 → 현동 하차(현동에서 구마동 계곡까지 가는 버스가 없으므로 택시를 이용. 동서울~봉화 간 버스가 오전 7시 40분부터 오후 6시 10분까지 하루 5대 운행)
- 청량리역~봉화역 기차(오전6시 15분부터 오후 7시 40분까지 하루 14회 운행)

걷기여행 100배 즐기기
- 계곡에서 그냥 물놀이도 좋지만 견지낚시나 반도 등을 미리 준비하면 물고기를 잡을 수 있다.
- 봄과 겨울보다는 여름 물놀이와 가을 단풍 구경이 좋다.
- 구마동 계곡 근처에 이렇다 할 음식점이나 물건을 살 만한 곳이 없으므로 간단한 먹을거리와 필요용품을 미리 준비해 가자. 봉화읍내 하나로마트나 재래시장 등에서 사면 된다. 현동의 슈퍼마켓에서 간단한 장 정도는 볼 수 있다.

산책 코스 및 소요시간

구마동 계곡

계곡으로 들어가는 길 오른쪽은 산을 깎은 단면이 다 드러나고 왼쪽은 계곡 낭떠러지다. 차 한 대 간신히 지날 수 있는 길이다 보니 차가 속력을 못 낸다. 천천히 달려 20분 정도 계곡으로 들어가야 한다. 걸어서는 2~3시간 정도 걸린다.

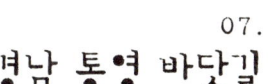

07. 경남 통영 바닷길

바다가 아름답다는 것을 처음 느낀 곳이 통영 강구안부터 충무교 아래까지 이어지는 바닷길이었다. 젊은 시절의 예민한 감수성 때문만은 아니었다. 청춘의 시간을 통과하기까지 나는 통영의 그 거리를 열 번 가까이 걸었다. 비오는 날도, 칼바람 부는 겨울에도, 혼자서 혹은 여럿이 함께 그때마다 바다는 한결같이 아름다웠다.

·· **통영의 바닷길 위에서 청춘에 종말을 고하다**

　비 오는 여름날 오후 무교동의 오래된 술집 한구석에 모인 나와 친구들은 여름과 비에 대해 이야기하고 있었다. 갓 서른인 모임의 막내는 붉어진 얼굴로 김광석의 '서른 즈음에'를 흥얼거리는 것으로 우리들의 이야기에 목소리를 섞었다. 빗방울이 넓은 유리창에 스스로 길을 내며 흐르고 형광등 불빛이 뿌옇게 보이면서 사람들의 말소리가 또렷하게 들리지 않고 웅성웅성거린다. 밤이 되면서 빗줄기는 더 거세졌다. 갑자기 있는 그대로 빗속에 서고 싶다는 충동적인 생각이 일었다. 내 몸은 마치 용광로 같았다. 그 이후 우산은 내 손에 들려있지 않았다.

　바위 같았던 마음이 약해지고 내 속에서 무엇인가 무너지는 것을 처음 느꼈을 때, 스러져가는 젊은 날의 꿈을 잃는 것에 대한 두려움이 먼저 찾아왔다. 어찌할 바 몰라 청춘을 함께 지나온 친구들을 불렀다. 나를 위로하며 친구들이 데려간 곳이 통영이다.

·· **지중해를 닮은 항구마을, 강구안**

　그로부터 십여 년 후, 두 번째 찾은 통영에는 파란 지붕과 흰 칠을 한 담벼락이 바닷가 언덕마을을 이루고 있다. 바다를 오가는 배들이 도로와 나란히 움직인다. 충무교를 건너 미륵도 일주도로를 달린다. 바다가 보이는 언덕길에 차를 세우고 경치를 즐기고 달아공원에 앉아 다도해의 노을을 바라보기도 한다. 그렇게 통영을 다 둘러 본 뒤에 짐을 푼 곳이 강구안이다. 통영을 가장 통영답게 만드는 곳이 강구안이라고 생각했기 때문이다.

　강구안 바로 옆에 있는 남망산 국제조각공원에 올랐다. 세계 여러 나라의 조각가가 만든 작품을 강구안 바다가 보이는 언덕에 전시했다. 푸른 풀밭 위에 서 있는 전시품들과 저 아래 펼쳐진 항구가 예술과 삶을 상징하고 있다. 공원에는 여행하는 사람들보다 통영 사람들이 더 많았다. 그들은 생활터전인 항구와 바다를 벗어나 예술과 낭만이 있는 이곳 언덕에서 여유로운 시간을 즐기는 것이다. 시인 유치환과 음악가 윤이상 등 걸출한 예술인들을 배출한 곳이 통영이라는 것을 모르더라도 거리마다 공원마다 자리한 낯익은 예술과 함께 풍부한 감성을 즐기고 있는 통영사람들을 보면서 통영이 '예향의 도시' 라는 것을 알 수 있었다.

다시 강구안으로 내려왔다. 길이 바다를 따라 구불거리며 나 있다. 문화광장에서 분수가 솟구쳤다. 충무김밥 거리가 길 오른쪽으로 펼쳐진다. 수십 년 역사를 가진 충무김밥 가게 간판 곳곳에 충무김밥을 처음으로 말아 팔던 할머니들 사진이 붙어 있다.

멀리서 바라보는 강구안 언덕마을은 지중해 어느 해변마을을 닮았다. 햇볕 아래 건조대에서 마르고 있는 생선들이 파란 하늘로 금방이라도 날아갈 것 같다. 햇살 부서지는 강구안의 어디를 둘러봐도 생명력이 넘친다.

통영의 바다는 다른 바다에서 볼 수 없는 빛깔을 지녔다. 일렁이는 파도는 밀도 높은 점액질 액체처럼 차지게 흔들렸다. 그 바다에 배를 띄우고 태양빛을 다 안고 일하는 어부가 보인다. 나뭇잎 같은 배가 파도에 흔들리는 게 위태로워 보이지만 어부는 능숙한 솜씨로 배 위에 서서 일을 한다. 바람이 세게 불면 바다가 통째로 흔들리는 것 같은데 어부는 그런 바다를 아랑곳하지 않는다.

햇볕이 맑고 바닷바람이 신선해 걷기에 힘들지 않다. 수직으로 솟은 목욕탕 굴뚝과 바닷가 가로등 위는 갈매기들의 안식처다. 갈매기가 떠다니는 바닷가 인도 난간에서 낚싯대를 드리운 사람이 보인다. 햇빛 부서지는 바다 위에서의 시간에 행복한 얼굴을 짓고 있다.

·· 그 바다 끝에서 편지를 쓰네

통영은 걸어다녀야 제대로 보고 느낄 수 있는 도시다. 강구안을 벗어나 서호시장 쪽으로 발걸음을 옮긴다. 여객선터미널을 지나면 바다 옆 도로를 따라 걸을 수 있다.

수협공판장을 지나 바닷가 길을 따라가면 통영과 미륵도를 잇는 해저터널이 나온다. 이 부근 바다가 '손돌목'이다. 이곳은 충무공 이순신의 연전연승의 기세에 눌린 일본군의 도주로였다. 원래 이곳은 바닷길이 없었는데, 일본군이 도주를 위해 지협을 파고 뱃길을 만들었다. 지금 이곳에는 충무운하가 있다. 해저터널 또한 일제강점기 때 만들어진 것인데, 임진왜란 당시 자신들의 조상이 수장된 바다 위로 배를 띄울 수 없어 땅 밑으로 굴을 뚫고 지나다녔다는 얘기가 전해진다.

해저터널과 멀지 않은 곳, 손돌목 바다가 보이는 육지 쪽 언덕에는 충무공 이순신을 기리는 사당 '착량묘(鑿梁廟)'가 있다. 통영에는 충무공을 기리는 두

여름길

충무교 아랫바다. 바다 폭이 좁아 물살이 강물같다.

중앙시장의 경쾌한 파라솔.

곳의 사당이 있는데 바로 이곳의 착량묘와 중앙동에 있는 충렬사(忠烈祠)다. 충렬사는 왕명으로 세워졌고 착량묘는 일반 백성들이 힘을 합해 만들었다고 한다. '백성들이 지어 바친 장군의 사당'이라는 생각만으로도 무엇인지 모를 뿌듯함이 일었다.

착량묘 앞 계단에 앉으면 손돌목 바다가 내려다 보인다. 충무교 아래로 흐르는 손돌목 바다는 바닷사람들의 생활을 가까이서 볼 수 있는 곳이다. 육지와 섬 사이 바다가 좁아 유속이 빠르고 물결이 세다. 초록 바다가 흰 거품 내뱉고 점액질의 바다가 통째로 일렁이며 작은 배를 흔들어 놓는다. 이곳 사람들은 매일 그런 바다의 물결을 가르며 일터로 나갔다온다. 육지와 가까운 곳에서는 바다에 들어가 김을 따고 굴을 딴다.

바다와 사람들 그리고 도로가 어우러진 풍경을 한눈에 볼 수 있는 곳은 충무교 위다. 다리 위에서 보는 아래 풍경에는 녹록하지 않은 삶과 거친 바다가 담겨 있고 길에서 올려다본 충무교는 바다와 하늘과 구름이 어우러진 동화 속 한 장면과 같다.

착량묘가 있는 당동의 오래된 동네에는 아직도 돌담길 골목이 있다. 돌담을 따라 천천히 걷는다. 뜰 안 나무에 진녹색 잎이 무성하다. 돌담 끝 흰색 칠을 한 대

문 기둥 옆에 빨간 편지함이 보인다. 그 속에 생활의 편린이 담긴 편지보다는 먼 이국 시인 파블로 네루다가 전하는 사랑의 시 한 편이 바다를 건너 도착해 있으면 좋겠다는 생각을 해본다.

당신의 입은 내게 / 선인들의 샘물을 길러다 주고 / 지난 날의 숲 속에 약속을 지었지 / … / 난 그 무성한 옛 이파리들 속으로 다가가서 / 당신의 입 속에 머금은 나의 피를 키스했어 / 나의 사랑하는 사람, 나의 아라우꼬의 여인아 / … / 바다냄새 나는 당신의 두 가슴 사이 / 까우께네스의 황혼과 / 칠레의 월계향이 느껴지는데

- 파블로 네루다(Pablo Neruda), '가을의 유서' 중에서

멀리 남해 끝 바다가 보이는 마을 골목길에서 사랑하는 여인의 향기를 가슴에 품어본다. 왔던 길을 되걸어 강구안으로 돌아갔다. 강구안 뒤편 번잡한 길을 건너 가까운 곳에 통영우체국이 있다.

우체국 옆에 작은 표지석이 있어서 이곳이 '청마거리'라는 것을 알려준다. 이곳은 청마 유치환 선생이 사랑하는 여인과 편지를 주고받던 곳이라고 한다. 그의 시에도 '우체국 거리에 나와 에메랄드빛 바다를 보며 편지를 쓴다'는 내용이 나온다.

여행지의 향기와 보낸 이의 사랑이 배어 있는 엽서를 받는 사람은 행복할 것이다. 엽서에 강구안과 서호만 바다의 풍경과 사람들의 모습을 그대로 담아 보낸다. 뜨거운 열정이 가득 담긴 엽서가 며칠 뒤 사랑하는 여인에게 도착하리라.

충무교에서 바라본 풍경.

충무교에서 바라본 야경.

주변 여행지	남망산 국제조각공원, 달아공원, 미륵산케이블카, 유치환 생가, 동피랑길

가는 길

내비게이션 검색_ 경상남도 통영시 동호동

자가용
- 대전통영고속도로 → 통영IC → 강구안 방향

대중교통
- 강남고속버스터미널, 서울남부터미널 → 통영(40분에서 1시간 30분 간격으로 버스가 자주 있는 편) → 31번이나 41번 버스를 타고 중앙시장 정류장에서 하차 → 강구안

걷기여행 100배 즐기기
- 강구안부터 충무교까지 바다와 나란히 걸을 수 있는 길이 있다. 길 도중에 그늘이 없으므로 자외선차단제를 충분히 바르거나 모자 혹은 양산을 준비하는 것이 좋다.
- 충무교 부근에는 장어구이가 유명하므로 걷는 도중 먹으며 쉬어 가는 것도 좋다.

산책 코스 및 소요시간

강구안 → 여객선터미널 → 해저터널 → 충무교

강구안에서 충무교 아래까지 바닷길을 따라 30분 정도 걷는다. 항구와 시장, 여객터미널과 갈매기, 마을 앞 바다에서 일하는 사람들이 정겹게 느껴진다.

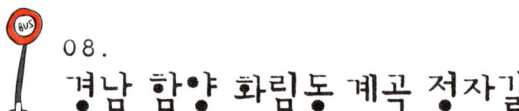

08. 경남 함양 화림동 계곡 정자길

우리 조상들은 산이 수려하고 물이 맑은 곳에 정자를 세워 자연의 품안에서 삶의 희로애락을 함께 했다. 정자는 시를 짓고 열띤 토론을 하는 학습의 공간이며 만남의 장소이기도 했다. 분위기가 무르익어 흥이 넘치면 노래와 춤도 추는 여흥의 공간이 되기도 했다.

·· 밤하늘을 수놓은 별똥별에 소원을 빌다

여름은 어느 때보다 자연과 함께하기 좋은 계절이다. 조상들의 풍류를 고스란히 느낄 수 있는 정자여행은 과거로의 시간여행을 떠나기에 그만이다. 책 한 권 들고 풍류와 멋, 운치가 넘쳐나는 정자에 올라 명상을 즐기고 자연에 취해본다.

대전통영고속도로 서상IC에서 국도로 빠져 나와 차를 달렸다. 아무 것도 보이지 않는 밤길의 풋풋한 흙냄새와 풀향기가 차안으로 밀려든다. 자정이 다 되어가는 시간, 어두운 길에는 내 차밖에 없다. 얼마나 지났을까. 서울에서 미리 예약한 숙소가 나올 때가 됐는데 안 보인다. 어둠 속에서 길을 헤맬까봐 전화를 걸었더니 주인아주머니가 '불을 꺼놓고 있어서 잘 안 보일 거'라며 불을 켰단다. 아닌 게 아니라 어둠속에서 환한 전깃불이 시야에 잡힌다. 건물로 내려가는 진입로의 안내등 꼬마전구가 길 양쪽 옆에서 밤을 뚫고 달려온 우리를 환영하듯 반짝인다.

창으로 들려오는 계곡 물소리를 그냥 흘려보낼 수 없어 나는 짐을 풀자마자 곧장 계곡으로 향했다. 계곡으로 내려가는 길은 한 치 앞도 보이지 않았다. 잠깐 동안 반짝이는 라이터 불빛으로 발을 놓을 곳을 확인해야 했다. 어둠 속에서 길을 찾지 못하듯 어둠의 깊이를 알아채지 못하듯 나는 콸콸거리며 흐르는 발밑 계곡물의 깊이를 가늠하지 못한 채 물 가운데 있는 바위에 앉아 어둠에 싸여 있었다.

별빛만 있는 밤하늘을 본 적이 있는가. 인공의 불빛 하나 간섭하지 않는 밤하늘에 글썽이는 아이의 눈망울을 닮은 별빛이 머리 위로 쏟아지는 것을 본 일이

있는가. 계곡을 따라 흐르는 바람이 머리카락을 헝클어 놓고 지나간다. 시원한 맥주 한 모금이 뜨거운 속을 훑고 지나간다. 몸도 마음도 가벼워지는 것 같았다.

같이 온 일행 중 누군가는 눕고 또 어떤 친구는 들릴 듯 말 듯한 목소리로 노래를 읊조렸다. 계곡 물소리에 소리가 묻힐 때면 노래가 끊어졌고 흥이 오르는 대목에서는 가락이 이어졌다. 그러다가 노래도 멈춘 계곡에는 바람소리와 물소리만 남아 있는 시간이 흘렀다. 아무런 말없이 있었던 그 시간은 완벽하게 호젓했다. 그리고 그 순간 별 사이로 별보다 반짝이는 무언가가 '휙' 지나갔다. 별똥별이었다. 첫 별똥별이 떨어지는 그 짧은 순간 나는 소원을 빌었다. 우리는 그날 밤 서너 개의 별똥별을 더 보았고 더 이상 별똥별이 밤하늘에서 반짝이지 않을 때까지 계곡을 떠나지 않았다.

·· 바위계곡과 물 위의 집, 거연정

'두문불출(杜門不出)'이란 말의 뿌리는 고려의 몰락과 조선의 건국의 기로에 서서 고려에 대한 충절을 지키고자 했던 일흔두 명의 이야기에서 시작된다. '두 임금을 섬기지 못한다'며 고려의 충신으로 생을 마감한 그들의 마지막 거처가 두문동이었다. 두문동은 지금의 개성 광덕산 부근 어디쯤이라고 한다. 그들이 그 두문동에 들어가 다시는 세상에 나오지 않았다하여 지금도 바깥출입을 하지

않는 것을 두고 '두문불출'이라고 불렀다고 한다.

이 화림동 계곡에 있는 거연정이 바로 그 두문동 72현 중 한 사람인 전오륜의 후손들이 세운 정자다. 두문동 고려 충신 전오륜의 7대손인 전시서 선생이 봉전마을에 터를 잡고 살기 시작했으며 그 이후 그의 후손들이 1872년에 정자를 세웠다.

정자로 가려면 '화림교(花林橋)'라는 작은 구름다리를 건너야 한다. 철로 만들어져 걸을 때마다 삐거덕거리는 소리가 난다. 물이 많으면 계곡 바닥에 드러난 바위가 잠기고 큰 바위들만 듬성듬성 물길을 인도한다. 정자는 그렇게 물 위에 떠 있다. 구름다리 아래 작은 소가 숲의 색을 닮은 초록색이다. 정자는 사방이 트인 건축물로 주변의 모든 자연 경관을 즐길 수 있다. 바위계곡의 힘찬 기운과 푸른 물길의 부드러움이 정자를 에두르고 있다. 정자 정면에 서 있는 소나무가 눈에 들어온다. 나무의 푸른 기상이 두문동에 들어가 생을 마감한 고려 충신 두문동 사람들의 그것과 닮은 듯하다.

·· 나뭇결이 살아 있는 무채색의 군자정

거연정 바로 옆에는 '군자정'이라는 정자가 있다. 군자정은 우리가 묵었던 군자가든 마당에 있는 정자다. 이 정자는 조선 5현이라고 알려진 일두 정여창 선생과 관계가 깊다. 정여창 선생의 처가가 정자가 있는 봉전마을이었다. 그가 처가에 머무를 때 자주 머물렀던 곳에 전씨 문중의 전세걸 진사 등이 1802년에 선생을 기리면서 정자를 세운 것이다. 해동군자가 쉬던 곳이라 해서 이름을 '군자정'이라 했다고 한다.

아이들이 정자 마루에서 재잘댄다. 학교에서 역사탐방교실을 열었나 보다. 개구쟁이들의 얼굴이 사뭇 진지하다. 장난꾸러기들은 정자 앞마당 수돗가에서 머리를 감고 세수를 하며 물장난을 한다. 햇살이 비치는 정자 바위틈으로 이름 모를 꽃들이 피어났다.

계곡은 그렇게 거연정과 군자정을 하나로 묶어두고 있었다. 우리는 슬슬 걸어서 거연정과 군자정을 돌아보고 어젯밤 깊이를 가늠하지 못했던 계곡의 곳곳을 돌아봤다. 숙소를 정리하고 막 길을 떠나려는데 주인아주머니가 한마디한다.

"물 많을 때 오면 정자가 더 아름다워요."

원래 여기서는 하룻밤 묵고 아침 일찍 출발하려고 했었는데 '밤의 계곡'에 홀린 나는 일정을 늦출 수밖에 없었다. 이왕 이리 됐으니 아주머니가 일러준 화림동 계곡의 또 다른 정자인 '동호정'까지 둘러보기로 했다.

·· 동호정의 바람소리에 시 한 수, 물소리에 술 한 잔

화림동 계곡에는 거연정과 군자정, 동호정 이외에도 농월정이라는 정자가 있었지만 몇 해 전 불이 나서 건물이 완전히 없어졌다고 한다. 주변 경치나 정자가 풍기는 풍류기운으로 치자면 농월정이 으뜸이라고 일러준 아주머니의 말에 내가 더 아쉬워했다.

드디어 동호정에 도착했다. 동호정은 임진왜란 때 선조임금을 등에 업고 의

여름길

동호정.

군자정.

거연정으로 가는 구름다리.

주로 피난을 했다는 장만리 선생을 기리기 위해 그의 후손들이 1890년 경에 지은 것이다. 장만리 선생은 관직에서 물러나 고향인 서하면 황산마을에 내려와 지금의 정자가 있는 곳에서 낚시를 즐겼다고 한다. 그리고 그 후손들은 선생이 즐겨 찾았던 그 물가에 세운 정자가 바로 동호정이다.

거연정과 군자정이 돌무더기와 커다란 바위 사이로 흐르는 거친 계곡이라면 동호정이 있는 곳은 '차일암'이라는 암반바위와 짙푸른 숲, 여유 있게 흐르는 물줄기가 평온한 기운을 내뿜는 곳이다.

동호정은 규모 또한 세 정자 가운데 가장 크다. 나무계단을 올라야 정자마루가 나온다. 정자의 기둥은 살아 있을 때의 나무 모양 그대로를 살려서 옹이 하나 손대지 않고 기둥으로 세웠다. 정자마루로 올라가는 계단 또한 통나무를 깎아 만든 것이다.

정자 천장에는 화려한 그림이 그려져 있는데 눈에 띄는 것은 물고기를 입에 물고 있는 용의 모습이다. 용 그림이나 조각들을 보면 보통은 여의주를 물고 있는데 이곳의 용은 물고기를 물고 있다. 그 이유에 대해 쉽게 알 길이 없어 그저 해학이려니 생각하고 일행과 함께 웃음을 나누었다.

정자마루에서 내려다보는 풍경이 세 정자 중 가장 훌륭하다. 푸른 숲에 물든 계곡의 물이 진록으로 투명하다. 나는 눈길을 당겨 암반바위에 고정했다. 군데군데 움푹 파인 곳에 물이 고였다. 바위 끝에 앉아 낚싯대를 드리운 강태공이 뙤약볕 아래 꼼짝하지 않고 앉아 있다. 아마도 그 옛날 장만리 선생 또한 저렇게 앉아 젊은 시절을 되돌아보며 그 동안 가늠하지 못한 세상살이를 흐르는 물에 흘려보냈을 것이다. 나는 그 물가 바위에 앉아 여름 한복판으로 들어가는 화림동 계곡의 물빛 숲 색을 따라 진록으로 물들어가고 있었다.

주변 여행지 상림, 용추산자연휴양림, 용추계곡

가는 길
내비게이션 검색_ 경상남도 함양군 서하면
자 가 용
- 서울 → 대전통영고속도로 → 서상IC로 나와 서하·안의 방면 → 8킬로미터 지점에 거연정과 군자정이 있고 조금만 더 가면 동호정이 차례로 나온다.

대중교통
- 동서울버스터미널 → 함양행 버스(오전 8시 20분부터 오후 7시까지 8회 운행. 밤9시, 자정 심야버스운행)
- 남부터미널 → 함양(하루에 네 대밖에 버스가 없으니 시간을 미리 확인하는 것이 좋다)
- 함양시외버스터미널에서 서하 방면 버스(거연정과 동호정까지 운행하지 않을 수도 있다. 가는 방법을 확인해야 한다)를 탄다. 거연정과 군자정(서하면 봉전리), 동호정(서하면 황산리) 등의 행선지를 확인한 후 타면 된다.
- 문의전화: 지리산고속 055-963-3745

걷기여행 100배 즐기기
- 거연정과 군자정이 바로 붙어 있어서 천천히 걸으며 돌아볼 수 있다.
- 계곡물이 마르면 계곡바닥이 드러나 볼품없다. 비가 온 뒤 수량이 많을 때 정자의 운치가 더 살아난다.
- 밤에 계곡에서 수많은 별들을 감상할 수 있다.
- 군자정 바로 앞에 있는 군자가든에서 숙박도 하고 식사도 할 수 있다. 매운탕 토종닭요리 등이 주메뉴다.(문의전화: 055-962-9525)

산책 코스 및 소요시간 거연정 → 군자정 → 동호정

거연정과 군자정은 걸어서 약 2~3분 정도 거리에 있지만 동호정은 약 2~3킬로미터 떨어져있다.

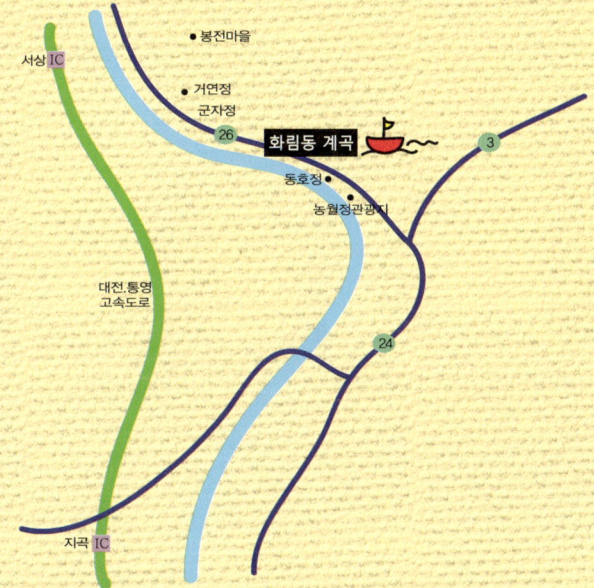

09.
남해 상주해수욕장~독일마을 바닷길

젊음은 도전과 열정과 자유라고 말하지만 그 이면에는 집착과 두려움, 절망의 그늘이 공존한다. 그래서 항상 부딪혀 느끼고 치열하게 살아야 하지만 그 결과는 자신도 알지 못한다. 젊은 시절 폭풍같이 몰아치지 못했다면 그리움도 사랑도 없을 것이다. 길 위에서면 언제나 청춘 같다.

여름길

송정해수욕장.

상주해수욕장.

구불거리는 언덕길을 올라갈 무렵 길 오른쪽으로 몇 개의 의자와 정자가 있는 곳을 발견하고 차를 세웠다. 상주해수욕장이 한눈에 내려다 보였다. 그곳에 앉아 잠시 여유를 즐기고 있는데 자전거가 산굽이길을 달려 내려간다. 자전거로 남해를 여행하는 사람들이리라 생각했다. 그들 중 한 사람이 이쪽으로 오더니 자전거를 세우고 길에 놓인 의자에 앉아 풍경을 감상한다. 한마디 물었더니 역시 자전거 여행자다. 상주해수욕장으로 가는 길에 이런 자전거 여행자들을 흔히 만날 수 있다.

송정해수욕장은 상주해수욕장보다 규모가 약간 작았지만 송림과 은빛의 고운 모래는 똑같았다. 망루에 올라 높은 곳에서 바다를 바라보다가 햇볕가리개 용으로 커다란 우산을 펴놓은 가족의 모습이 눈에 들어와 그곳으로 발걸음을 옮겼다.

눈 위에 첫 발자국을 찍는 것처럼 사뿐히 걷는다. 오후의 바다에 햇빛이 반사되어 눈이 부시다. 바다에서 놀고 있는 아이들을 보며 엄마, 아빠가 미소 짓는다. 바다와 모래를 오가는 여학생들의 이야깃소리, 웃음소리가 쉴 새 없이 이어지는 참새소리 같다.

　이곳에서도 아이들이 바다의 주인이다. 우리의 희망이 아이들에게 있다면 바다는 아이들을 품고 하나 되어 희망을 노래한다고 파도소리가 이야기하는 듯했다. 바다에 울려 퍼지는 아이들의 깔깔깔 웃음소리가 백사장을 가로질러 일상으로 나가는 내 발걸음을 따라온다.

·· **바다를 안고 돌아오는 만선의 깃발**
　그 길을 따라 차를 달리면 미조항이다. 석양이 아름답다는 미조항이지만 아직 햇볕이 눕지 않았다. 비리면서 짭조름한 항구의 냄새는 처음에는 거부감이 들지

남해를 일주하는 여행자의 손과 발이 되어주는 자전거.

고운 모래와 물이 맑기로 유명한 송정해수욕장.

만 곧 익숙해졌다. 미조항의 첫인상은 유니폼을 입고 억지웃음 짓는 아가씨보다는 속정 담긴 차 한 잔을 퉁명스럽게 건네는 시골 아낙네에 가깝다.

항구에는 멸치를 가득 담은 박스들이 여기저기 쌓여 있다. 몇 대의 멸치잡이 배가 계속해서 항구로 들어오고 있다. 뱃머리에 한쪽 다리를 올리고 우뚝 선 가슴 넓은 사내의 모습에 만선의 뿌듯함이 묻어 있다. 배가 항구에 닿고 뱃사람들은 멸치박스를 내린다. 그들의 부지런한 몸놀림에 말이 섞일 틈이 없다. 나도 아무런 말없이 그들을 바라보고 있었다.

일렁이는 바다, 분주한 항구, 바다처럼 빛나는 멸치, 그것들을 나르는 굵은 팔뚝, 듬직한 어깨에 옷 밖으로 불거진 근육이 한눈에 들어오는 순간 그들의 삶이 아까 올랐던 금산의 거대한 바위능선을 닮았다는 생각이 스친다. 거친 바다의 일렁이는 파도, 거센 바람과 작렬하는 태양빛, 그 속에서 맞이하는 쉴 틈 없는 뱃일이 그들에게는 항상 새날을 여는 기원이며 희망의 뿌리일 것이다.

·· 바다가 보이는 언덕 간이 휴게소

항구에서 나와서 물건방조어부림과 독일마을이 있는 삼동면으로 차를 달렸다. 바다가 보이는 길을 달리면 마음도 트인다. 바다는 그렇게 길을 따라 사라졌다 다시 나타났다. 얼마나 달렸을까. 길가에 붉은 파라솔 하나가 바다를 향해 깃발처럼 펄럭이는 곳에 차를 세웠다. 바다가 보이는 언덕에 있는 간이 휴게소다.

안개인지 연무인지 모를 뿌연 공기가 바다의 수평선을 지우고 있다. 멀리 있는 섬도 윤곽만 흐리게 보인다. 미지의 신비함이 얼핏 비친다. 언덕에는 바람이

미조항으로 들어오는 만선의 멸치잡이 배.

많이 분다. 에어컨 바람에는 금세 지끈거리는 머리인데 바다에서 불어오는 바람을 쐬니 그저 시원하기만 하다. 간이식탁 하나와 의자 몇 개가 전부인 언덕 위 휴게소가 정겹다. 시원한 음료와 차를 팔고 있었다. 칡이 찬 기운이 많아 몸속의 열을 식혀주기 때문에 여름 더위에는 얼음 탄 칡차가 제격이란다.

    여름의 바닷길을 달리다보면 도로 위에서 피어나는 아지랑이가 볼 만하다. 아른거리며 피어오르는 열의 장막이 저 먼 곳에 있는 사물의 형체를 일그러뜨리는데, 그 프리즘을 통해 본 사물들은 오래 보지 못한 것들을 갑자기 생각나게 한다. 한없는 그리움을 담고 있는 것이다. 그리운 것은 그리운 대로 남겨 둘 때도 있어야 하거늘 아등바등 그 끝을 붙잡고 놓아 주지 못하는 사람의 정이 때로는 안쓰럽다. 그리움이 사라진 뒤에 더 이상 담을 것 없는 허허로운 마음이 사람을 더 쓸쓸하게 만들기도 한다.
    사랑은 사랑대로 그리움은 그리움대로 애써 표현하지 않더라도 속으로 깊어지는 뜨거움을 간직하기를……

간이 휴게소에 앉아 바라본 바다.

·· 바닷길 끝에서 만난 독일마을

언덕을 벗어나 바닷길을 따라 물건항과 독일마을이 있는 곳으로 간다. 에어컨을 끈 채 창문을 내리고 바람을 차 안 가득 담으며 느린 속도로 달렸다. 길 왼쪽으로 가면 독일마을이고 오른쪽 마을길로 내려가면 물건방조어부림이 나온다.

물건방조어부림은 물건리 몽돌해안 앞에 길이 1.5킬로미터, 너비 30미터로 조성된 숲이다. 바닷바람 막아 주는 숲에는 팽나무, 상수리나무, 느티나무, 이팝나무, 푸조나무, 후박나무 등 사십여 종류의 나무가 삼백 년도 더 된 세월 동안 그렇게 서 있었다. 나라에서는 그 숲에 '천연기념물 제150호'라는 작위를 내렸다. 푸른숲 그늘에 앉아 몽돌해안에서 부서지는 파도를 바라보고 있기에 적당한 곳이다.

바다에서 부는 거센 바람으로부터 마을을 지키고 있는 숲그늘 아래 의자에 누워서 바다가 들려주는 자장가 소리를 듣고 있으니 세상 부러울 것이 하나 없다. 숲에서 나는 푸른 생명의 향기가 내 몸속을 가득 채운다.

물건마을 길 건너 산언덕에 독일마을이 있다. 언덕길을 따라 흰색 외벽 곳곳을 장식하고 있는 꽃바구니며 문양들이 이국적이다. 붉은 기와지붕이 흰 벽과 잘 어울린다. 테라스에 펼쳐진 파라솔에 앉으면 아까 걸었던 물건방조어부림숲과 그 앞 바다가 한눈에 들어온다.

독일마을은 1950년대 광부와 간호사로 독일로 건너갔던 사람들에게 고국에서 노년을 보내고 정착할 수 있는 터전을 마련해주려는 취지에서 만들어졌다. 실제로 이곳에는 사람이 살고 있으며 몇몇 집에서는 민박도 한다.

마지막으로 남해에서만 볼 수 있는 또 하나의 풍경을 보러 창선면 지족마을로 차를 달렸다. 그곳에 가면 바다에 여러 개의 말뚝을 박아 V형태로 구조물을 만들어 고기를 잡는 '죽방렴'을 볼 수 있었다. 원시어업 형태가 그대로 남아 있는 것이라 하니 그 옛날 바다를 일구며 살았던 아주 오래된 사람들의 삶이 그대로 전해지는 듯하다. 죽방렴 멸치는 보통 멸치보다 훨씬 비싸고 이 죽방렴 멸치쌈은 남해의 별미다. 어느 것 하나 쉬운 것 없는 세상에 죽방렴으로 잡아 올린 멸치요리 앞에 아주 편하게 앉아 여행지에서의 하루를 마감한다.

죽방렴.

물건방조어부림 몽돌해변.

주변 여행지 금산, 다랭이마을, 남해대교

가는 길
내비게이션 검색_ 경상남도 남해군 상주면 남해 상주리
자 가 용
- 호남고속도로 → 하동IC → 남해 쪽 → 남해대교 → 남해군청 → 상주해수욕장
- 대전통영고속도로 → 남해고속도로 → 사천IC → 창선삼천포대교 → 창선면 → 상주해수욕장

대중교통
- 강남고속버스터미널 → 진주행 버스 → 진주에서 남해행 버스
- 서울남부터미널 → 남해까지 가는 버스(오전 8시부터 오후 7시 30분까지 10회 운행. 남해군 내에서는 대중교통으로 여러 곳을 여행하기 불편하다. 자가용을 타거나 렌터카를 이용하는 것이 좋다)

걷기여행 100배 즐기기
- 창선교 주변과 미조항 주변에서 남해 특산물 먹을거리 중 하나인 멸치쌈밥을 먹어보자.
- 남해바다가 한눈에 보이는 도로를 달리다 보면 언덕에 간이 휴게소가 자주 보이는데 전망이 아주 좋다. 잠깐 쉬어 가면서 차 한 잔의 여유를 즐겨도 좋겠다.
- 바람흔적미술관 부근 편백나무숲 속에 남해편백자연휴양림이 있다. 산림청 홈페이지를 통해 미리 예약해야 한다. 전화예약은 안 되며 매주 화요일은 휴무다(7~8월 성수기는 제외). 문의전화: 055-867-7881

산책 코스 및 소요시간
상주해수욕장 → 송정해수욕장 → 미조항 → 물건방조어부림 → 독일마을 → 창선교죽방렴

상주해수욕장부터 송정해수욕장 미조항 물건방조어부림 독일마을까지 바다가 보이는 해안도로를 달리고 각각의 모든 여행지를 돌아보는 데 3시간 정도 소요된다. 바닷물에 들어간다거나 전망 좋은 바닷가 언덕길에서 쉰다거나 숲그늘 아래서 더위를 식히는 시간까지 감안하면 반나절 정도 걸린다.

Part 03
가을길
낙엽길 따라 내 마음 따라 나서기

01. 강원 태백 구와우마을 해바라기 초원길, 바람의 언덕길
02. 전남 순천만 갈대밭, 낙안읍성 민속마을 초가길
03. 전북 고창 미당 서정주 국화꽃마을, 돋음볕마을
04. 전북 정읍 만석보 코스모스길, 구절초 꽃길
05. 경북 청송 송소고택, 주산지
06. 경기도 고양시 원당종마목장과 서삼릉
07. 전남 담양 죽녹원 대나무길, 메타세쿼이아 가로수길
08. 전북 고창 선운사 사찰길
09. 강원도 속초 영금정~청호동 아바이마을 바닷길
10. 전남 장흥 상선약수마을 삼림욕길

01.
강원 태백 구와우마을 해바라기 초원길, 바람의 언덕길

꽃이 피어 가을로 길을 내고 바람은 가을을 인도하여 마음속으로 불어왔다. 한여름을 보내고 나서야 검게 탄 씨앗을 꽃 속에 품는 해바라기의 열정은 보석 같은 씨앗을 영글게 하고 파란 가을하늘 아래 태양의 꽃으로 완성된다.

·· 12만 평 대지에 해바라기가 끝없이 넘실대는 곳

낮과 밤으로 열대와 한대가 교차하는 태백 어느 산골짜기에서 꽃을 피운 해바라기는 계절의 전령이다. 먼저 꽃을 피워 계절의 길을 내고 사람들에게 가을을 인도한다.

계절이 바뀌는 가을, 태백의 구와우마을에 해바라기꽃이 피었다. 자그만치 12만 평이나 된다 하니 그야말로 해바라기가 끝없이 넘실대는 대지이다.

골짜기를 만드는 산 아래까지 안개가 내려앉았다. 땅에서 피어나는 안개가 아니라 산에서 내려오는 안개다. 산꼭대기부터 점령한 안개가 산기슭까지 내려와 있다. 나무는 안개 속에 그 끝을 숨긴다. 길가에는 해바라기와 코스모스가 한가득 피었다.

·· 태양의 꽃은 그리움으로 피고

그들이 낸 길을 따라 더 깊은 골짜기 안으로 발길을 옮겼다. 그런데 예상치

못한 풍경이 눈앞에 펼쳐졌다. 태양의 꽃, 노란 해바라기가 골짜기를 가득 메우고 있었다. 그 순간 자연의 힘으로 인공의 에너지를 만들어내는 태양력 발전소가 떠올랐다. 하늘을 향해 얼굴을 맞댄 해바라기꽃의 자태는 발전소의 집광판이 태양을 향해 두 팔을 벌리고 있는 모습과 흡사했다.

해바라기 꽃밭은 골짜기와 낮은 언덕에 끝없이 펼쳐진다. 그 사이로 난 길을 따라 걸었다. 산골짜기에도, 산언덕에도 온통 해바라기 꽃밭인데 언덕의 꽃은 아직 제 얼굴을 다 보여주지 않는다. 언덕에 있는 큰 얼굴 해바라기까지 다 피어난 절정의 순간이었다면 구와우마을 골짜기 언덕에는 수천수만 개의 태양꽃이 피어올랐을 텐데.

돌아오는 길에 자갈이 깔려 있는 흙길을 지난다. 이름 모를 들풀과 들꽃이 먼지와 엉켜 질긴 생을 살아가고 있었다. 허리 굽혀 바라본 그 꽃들은 하나 같이 다 별빛 같다. 태양의 꽃처럼 화려하지는 않지만 별빛을 닮은 꽃밭에 자꾸 마음이 간다.

·· 피재고개의 안개, 그 아련함

태백의 해바라기 초원길에서 조금만 더 올라가면 한강과 오십천 그리고 낙동강이 시작되는 삼수령(피재)이다. 삼수령에서 떨어지는 빗물이 북쪽으로 가면 한강이 되어 서해로 흘러들고 동쪽으로 가면 오십천이 되어 동해로 이어지고 남쪽으로 가면 낙동강이 되어 남쪽 바다와 하나가 된다. 이 고개를 피재라고 부르기도 하는데 삼척 사람들이 난리를 피해 태백 황지로 가기 위해 이곳을 넘었다 하여 피해 오는 고개 즉, 피재라는 이름이 붙은 것이다.

해발 920미터의 삼수령를 넘으니 길 왼쪽으로 매봉산 풍력발전소로 가는 길

이 나온다. 산골짜기를 타고 온 구름이 사위를 감싸고 있다. 그 길을 오르니 고랭지 배추밭과 거대한 풍차가 어울린 고원의 풍경이 펼쳐진다. 이내 구름이 걷히고 다시 맑아진다.

   1,000미터가 넘는 고원에 자리잡은 배추밭이 구불거리는 길과 어울렸다. 푸른 바탕에 흰색 선이 구불거리며 능선을 넘는다. 풍력발전소의 풍차가 보인다. 발아래 배추 하나하나가 꽃처럼 피었다. 속이 꽉 찬 배추가 입을 벌린 모양이 실제로 꽃잎 같이 어여쁘다. 그런 꽃들이 셀 수 없이 많이 피어 산비탈을 가득

메우고 능선을 만들어 하늘과 맞닿아 있다.

.. **처음과 같은 바람이 불고 있었다**

배추밭을 지나면 풍차가 있는 바람의 언덕이 나온다. 태백 매봉산풍력발전소다. 풍차가 아니더라도 산줄기들을 넘어온 바람이 사방에서 불어와서 정신이 없다. 그곳에는 처음과 같은 바람이 불고 있었다.

거대한 풍차 날개가 '웅웅, 슈우욱 슈우욱' 엄청난 소리를 내며 돌아간다. 날개가 그다지 빠르게 돌아가는 것 같지 않은데 그 소리는 사람에 마음이 움츠러든다. 해발 고도가 높아짐에 따라 온도가 떨어진데다가 바람이 불어 체감 온도는 더 낮게 느껴진다. 소름이 돋을 정도다.

목책이 있는 길을 따라 걸었다. 저 멀리서부터 가까운 곳까지 겹겹이 놓여있는 산줄기들이 마치 바다에서 파도가 밀려오는 것 같다. 그야말로 산 위의 바

다. 그렇게 밀려드는 산줄기의 파도가 길 양 옆으로 펼쳐지고 산과 산 사이에서 구름이 피어오른다. 온 산천이 들끓는다.

들꽃이 목책 아래 풀밭 흙길에 아무렇게나 피어났다. 고원의 냉랭한 공기와 쉬지 않고 불어대는 바람에 꽃들도 더 이상 자라지 못하고 잎도 꽃도 다 작게 핀다. 광합성을 위해서는 잎이 커야 좋겠지만 냉기와 바람에 다치기도 쉬운 모양이다. 생명을 유지하기 위해 환경에 적응하는 풀꽃의 한해살이가 아름답다. 바람에 의지해 살아가는 이곳에서 바람은 풀꽃의 꿈이다. 꿈을 먹고 자라는 꽃은 보랏빛, 노란빛, 붉은 빛으로 피어나 여행자의 마음을 그 옆에 앉히고 만다.

나무로 만든 작고 예쁜 풍차 아래 등을 기대고 앉아 저 멀리 눈 아래 밟히는 산줄기를 바라본다. 산이 바다를 이루고 구름이 물결처럼 내게 몰려오는 것 같다. 파란 하늘이 빼꼼히 얼굴을 내밀다가 구름 사이로 숨는다. 바람이 머리를 헝클어 놓고 등을 떠민다. 떠나기 싫은 나의 마음을 바람은 알지 못했다.

주변 여행지
검룡소, 석탄박물관, 매봉산 풍력발전단지

가는 길
내비게이션 검색_ 강원도 태백시 황지동
자가용
- 중앙고속도로 → 제천IC → 영월 방면으로 우회전 → 영월 4차선(38번 국도) → 석항검문소 직진(38번 국도) → 예미 오거리 → 사북 → 고한 → 태백 방면 → 35번 도로 하장 방면(길 오른쪽 구와우마을 해바라기 축제장) → 삼수령(피재) → 매봉산 바람의 언덕(풍력발전단지)

대중교통
- 태백버스터미널에서 하장 방면 버스를 타고 구와우마을 입구에서 하차 후 15분 정도 걸으면 해바라기 축제장이 나온다. 바람의 언덕길은 삼수령 정류장에 내려서 약 3km 정도 걷는다.

걷기여행 100배 즐기기
- 산골짜기 이곳저곳에 펼쳐져 있는 해바라기 언덕길을 오르내리려면 편안한 옷차림과 운동화 등의 신발은 필수다. 트레킹 복장을 추천한다.
- 보통 매년 8월 중순부터 9월 말까지 구와우마을 해바라기 축제가 열리지만 태백시 자체가 고도가 높고 산이 많아 꽃 피는 시기를 정확히 예상하기 힘들다. 미리 기상정보를 정확히 알아보고 가자.
- 해발 1,000m가 넘는 곳이라 여름에도 서늘하니 가을 여행길에 나설 참이라면 바람막이 외투 하나는 꼭 준비해 가는 것이 좋다.

산책 코스 및 소요시간
구와우마을(고원자생식물원), 매봉산 고랭지배추밭 → 바람의 언덕, 검룡소

함께 하는 사람들과 이야기 나누면서 풍경을 감상하며 걷는다면 구와우마을의 해바라기 동산은 40여 분 정도 걸린다. 고랭지 배추밭 입구부터 바람의 언덕(풍력발전단지)까지 걸어서 오르려면 역시 1시간 정도 걸린다.

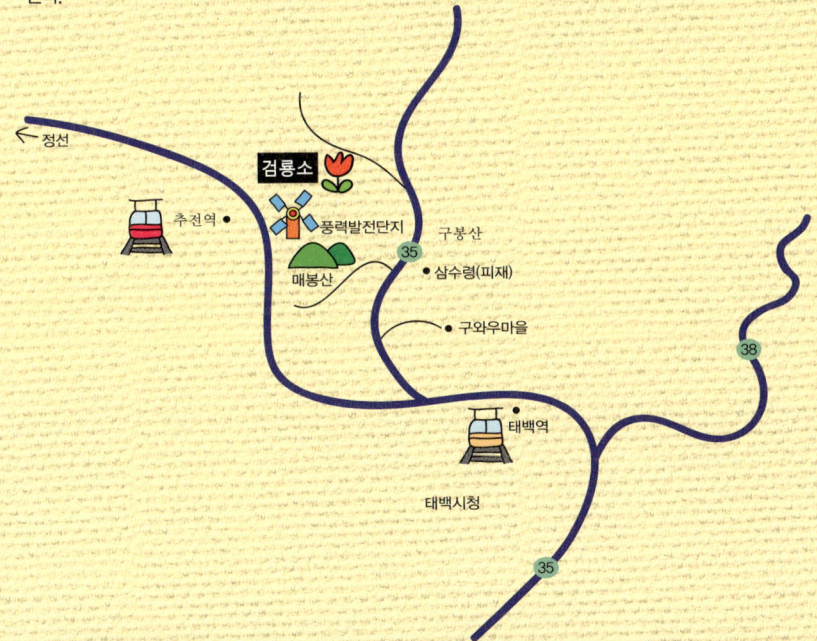

02. 전남 순천만 갈대밭, 낙안읍성 민속마을 초가길

고즈넉한 초가의 밤을 더욱더 깊고 그윽하게 만드는 빗소리에 마음을 빼앗긴다. 소리만 있을 뿐 마음도 머리도 다 텅 빈 것 같다. 나는 그렇게 툇마루에 앉아 어둠이 깔린 마당을 물끄러미 바라보고 있을 수밖에 없었다. 초가지붕을 타고 흘러내린 빗물이 처마에서 똑똑 떨어지는 모습에 마음에 낀 속세의 때가 한 꺼풀씩 벗겨져 내린다.

·· **갈대, 갯벌, 철새, 낙조로 유명한 순천만의 갈대밭**

　순천만 갈대밭이 내려다보이는 용산전망대에 올랐다. 드넓은 갈대밭과 그 사이로 난 물길이 만들어내는 추상의 아름다움에 반했다. 전국 10대 비경 중의 하나인 순천만 S자 해수로의 일몰과 갈대군락이 한눈에 펼쳐진다. 갈색 평원을 가득 채운 갈대밭이 바람에 일렁이고 구불거리는 물길 위에 여행자를 태운 배들이 오간다.
　순천만 갈대밭을 한눈에 보려면 이 용산전망대를 반드시 올라야 한다. 갈대밭을 돌아볼 수 있게 나무로 길을 만들어놓았다. 그 길 끝에서 용산전망대로 바로 올라갈 수 있다.

순천만은 광활한 갯벌과 갈대밭으로 이루어진 자연의 보고다. 봄에는 철새의 비상을, 여름에는 짱뚱어와 갯벌을, 가을에는 칠면초와 갈대를, 겨울에는 흑두루미를 비롯한 200여 종의 철새를 만날 수 있는 대한민국의 대표적인 생태관광지다.

노을이 질 무렵이거나 초록의 봄이었다면 수채화의 맑고 밝은 풍경이 완성됐을 텐데, 겨울을 닮은 시린 바람에 갈대의 서걱거리는 갈색빛이 일렁이니 조금 을씨년스럽다. 게다가 하늘에는 해를 가린 낮은 구름이 깔려있으니 우중충한 분위기가 느껴진다. 또 한편으로는 해무와 칠면초 갈대밭, 낮게 깔린 구름이 만들어내는 초현실적인 분위기가 색달랐다. 해거름에도 사람들이 갈대밭을 비집고 용산 전망대로 올라오고 있었다.

·· 초가의 밤, 비는 내리고

낙안읍성 민속마을에 방을 잡았다. 마을집들이 대부분 초가다. 돌담에 싸리울이 있는 집도 종종 보인다. 회색먼지 날리는 도심의 골목길에서 느낄 수 없는 푸근함이 마음에 젖어든다. 조금씩 비가 내리기 시작한다. 밤비 내리는 초가는 푸근했던 마음을 더 깊고 고요하게 만든다.

빗방울 소리 자체가 도시의 그것과는 다르다. 도심의 콘크리트 바닥을 후려치는 화살 같은 빗줄기가 아니다. 아스팔트바닥에서 파편처럼 부서지는 요란함 없이 초가마당으로 떨어지는 빗방울은 흙과 함께 엉겨 소리조차 숨을 죽인다. 촉촉한 빗소리에서 흙의 부드러움이 느껴진다.

고즈넉한 초가의 밤을 더욱더 깊고 그윽하게 만드는 빗소리에 마음을 빼앗긴다. 나는 그렇게 툇마루에 앉아 어둠이 깔린 마당을 물끄러미 바라본다. 초가 지붕을 타고 흘러내리는 빗물이 처마에서 똑똑 떨어지는 모습에 마음에 낀 속

가을길

193

세의 때가 한 꺼풀씩 벗겨져 내린다.

방안의 불빛에 격자문틀 그림자가 정겹다. 하루 동안의 이야기를 풀어놓는 술자리 말소리가 방문 너머로 새어난다. 추적추적 비는 내리고 두런두런 이야기소리가 빗소리에 섞인다. 한참 동안 나는 어둠 속에 앉아 그들의 이야기에 귀를 기울이고 있었다.

·· 자연을 닮은 에코 트레킹, 낙안읍성 성곽길

아침 하늘이 흐렸지만 다행히 비는 오지 않았다. 아침 산책길에 초가지붕이 내려다보이는 낙안읍성 성곽길 위에 서서 비에 젖어 함초롬한 초가마을을 굽어보았다. 낙안읍성의 민속마을은 마을 안에 있는 100여 가구의 민가로 조성된 초가마을이다. 보통 1가구당 두세 채의 초가집과 마당텃밭이 있다. 조선시대의 읍성 가운데 가장 유지가 잘된 곳으로 민속촌과는 달리 이곳에서는 지금도 사람이 살고 있다. 민박도 하고 관광객을 상대로 하는 각종 식당과 상점이 있어서 수많은 여행 인파로 북적인다.

낙안읍성은 조선 건국 5년 뒤인 1397년에 왜구의 침입에 대비하여 쌓은 토성이다. 그 이후 1626년(인조 4년)에 임경업 장군이 지금의 석성을 덧쌓았다.

조선시대 초가마을과 장터, 동헌, 객사 등이 그대로 보존되어 있다. 그런 이유로 국내 최초로 성과 마을이 모두 사적으로 지정됐다. 이곳의 초가 한 채 한 채가 국가의 보호·관리를 받는 사적인 셈이다.

마치 옛 조선의 뒷골목을 걷고 있는 착각이 인다. 담장 안 감나무가 초가지붕을 감싸안고 있다. 지붕 위 가지에 매달려 있는 감이 집을 밝히는 붉은 등 같다. 문득 모두가 자연의 품속에서 자연을 거스르지 않고 살았던 예전이 더 행복했을지 모르겠다는 생각이 든다.

낙안읍성 성곽길에 올라가면 모든 초가지붕이 눈높이에 맞춰진다. 그 높이에서 바라보는 풍경이 예사롭지 않다. 저 멀리 완만하게 굽어져 흐르는 산능선과 초가지붕의 둥근 모양이 닮았다. 옛 사람들은 자연을 거스르며 살지 않았다. 산 밑에 붙어사는 작은 초가마을일수록 산천을 닮는다.

빗소리마저 총성처럼 들리는 도시를 떠올려본다. 공룡 같은 몸집으로 악다구니를 쓰듯 버티고 있는 빌딩들이 신경질적으로 하늘을 찔러대고 있는 도시의 풍경이라니. 아침 산책길 초가 돌담길 골목에서 도시를 생각하니 아찔하기만 하다. 갑자기 허기가 느껴진다. 장터식당 가마솥에서 설설 끓고 있는 국밥이나 한 그릇 먹어볼까.

낙안읍성 장터 대장간. 장터 공예체험장.

주변 여행지	송광사, 선암사

가는 길

내비게이션 검색_ 전라남도 순천시 대대동(순천만), 전라남도 순천시 낙안면 남내리 18(낙안읍성 민속마을)

자가용
- 호남고속도로 주암IC → 27번 도로 → 송광사 삼거리 → 낙안읍성 방면으로 좌회전
- 호남고속도로 순천IC → 17번 국도 여수방향 → 2번 국도 벌교방향 → 순천청암대학 맞은편 농로 → 순천만 자연생태관

대중교통
- 강남고속버스터미널 → 순천버스터미널 → 낙안읍성 방면 시내버스(61번, 68번) / 순천만 갈대밭 방면 버스(67번)
- 버스가 자주 없으니 차편을 미리 정확하게 알아보고 가자.
- 서울 용산역 → 순천역(오전 6시 50분부터 오후 10시 50분까지 14회 운행)

걷기여행 100배 즐기기
- 낙안읍성 민속마을 초가집에서 숙박이 가능하며 민속마을 안에 식당이 있다.
- 낙안읍성 민속마을 입장료: 어린이 1,000원, 청소년 1,500원, 성인 2,000원.

산책 코스 및 소요시간

순천만 갈대밭, 낙안읍성 민속마을 초가길, 성곽길

순천만 갈대밭을 돌아보는 시간은 용산전망대에 올라 풍경을 감상하는 시간을 포함한다면 2시간 정도 잡아야 한다. 낙안읍성 돌담길과 성곽길 등 마을 곳곳을 돌아다니며 공예체험 등을 한다면 낙안읍성 안에서 서너 시간은 보내야 한다.

전북 고창 미당 서정주 국화꽃마을, 돋음볕마을

03.

집마다 담장이며 지붕, 벽에 온통 그림이다. 어떤 집은 집주인의 얼굴을 그렸으며, 국화 그림도 있고 서정주의 시를 적어놓은 집도 있다. 그림이 있는 마을은 그 하나로 행복해 보인다. 길가에 앉아 있는 할아버지의 웃음도 꽃 같다. 재잘대는 아이들의 이야기소리가 아득히 먼 전설 같이 멀어져간다. 돋음볕마을의 국화꽃 사이로 그렇게 가을이 오고 있었다.

·· 100억 송이 국화꽃이 만들어내는 황금물결, 석정온천지구 국화밭

산고개를 넘는 차창 밖으로 노란빛 강렬한 색채가 눈에 들어온다. 푸른 산기슭에 희고 노란 융단을 깔아놓은 것 같은 풍경에 발걸음을 서둘러 10만여 평의 넓은 지역에 100억 송이 국화꽃이 황금물결을 이루는 전북 고창의 석정온천지구 국화밭에 도착했다.

색깔도 종류도 다양한 국화가 산기슭 위로 황금지평선을 만들고 있다. 저 멀리 국화 꽃밭 사이로 꽃마차가 스르르 지나간다. 꽃밭에 여러 갈래 길이 났다. 사방에서 불어대는 바람에 국화꽃 그윽한 향기가 실려온다. 강렬하면서도 부드럽고 달콤하면서 씁쓸한 향기에 그대로 취한다. 꽃무리 사이에 앉아 꽃잎 하나하나에 눈길을 얹는다.

    낮달이 점점 밝아진다. 가을 저녁하늘에 조각배처럼 떠 있는 달은 산기슭을 희고 노랗게 물들이고 있는 국화 꽃밭과 어울렸다. 서릿바람 맞고 피어난 국화꽃의 하얗고 노란빛과 시린 하늘에 얼음조각처럼 떠 있는 낮달의 창백한 빛은 고독한 아름다움을 품었다.

·· 미당 시문학관

    미당 시문학관은 2000년 12월 24일 미당 서정주 시인이 세상을 떠났을 때 그의 분향소가 차려졌던 곳이다. 유해는 고향인 전북 고창군 선운리 생가 부근에 있는 선산에 안장됐다. 미당의 묘 앞에서 서면 선운리의 미당 시문학관과 마을이 한눈에 보인다.

    시문학관은 노란 은행잎으로 가득차 있다. 거대한 시멘트문을 감싸안은 담쟁이넝쿨이 파란 가을하늘 아래 흔들린다. 운동장 건너 문학관 건물 뒤로 돌아가는 모퉁이 길에 은행나무잎이 떨어져 노란 단풍길을 만들었다. 폐교를 개조해 만들어져서인지 시골 초등학교 운동장의 풋풋함이 느껴진다. 운동장 한쪽

가에 거대한 자전거 모형이 보인다. 엄청나게 큰 두 개의 바퀴와 안장 손잡이까지 있는 실제 자전거의 모습이다. 금방이라도 누런 가을 들녘으로 달려갈 것만 같다.

고창 앞바다에서 시작된 길은 그가 태어난 선운리에서 질마재라는 고개와 연결된다. 질마재가 있는 그 마을에 미당의 생가가 있다. 시문학관 옆 샛길로 가면 된다. 미당은 이곳에서 태어나 아홉 살 때까지 살았다. 원래는 초가였지만 중간에 슬레이트 지붕을 얹어 새로 고쳤다가 그대로 헐어져가던 폐가를 최근에 다시 초가로 복원했다. 이곳에 서서 잠시 미당의 어린 시절을 그려본다. 어린 미당은 보자기에 교과서와 공책을 싸고 싸리문을 나갔다가 오후가 되면 학교에서 돌아와 여기 이 마당에서 뛰어놀았으리라. 그의 생가 마당에는 '다섯 살 때'라는 제목의 글이 적힌 작은 조형물이 있다. 글 속의 주인공인 듯한 소년이 다듬잇돌을 베고 잠든 모습이 있다. 글귀를 읽고 있노라면 자다 깨어나 엄마를 부르는 어린 서정주의 모습이 겹쳐진다. 장독대 우물가에서 아이를 달래는 어머니가 앉아 있을 것만 같다.

·· 담장에도 지붕에도 사계절 내내 국화가 피는 곳

'한 송이의 국화꽃을 피우기 위해 봄부터 소쩍새는 그렇게 울었나 보다' 누구나 다 아는 미당 서정주의 시구절이 생생히 살아 숨 쉬는 곳, 전라북도 고창군 안현리 '돋음볕(처음으로 솟아오르는 햇볕이란 뜻의 순우리말)마을'은 국화벽화가 이어져 여행자들을 반기고 있다. 이곳엔 콘크리트 벽돌담과 슬레이트 지붕 등에 샛노랗고 하얀 국화가 사계절 환하게 피어 있고, 한겨울에도 벌과 나비가 날아다닌다.

가을길

미당 묘 앞 국화밭 풍경. 국화밭 건너 저 산 아래에서 시인 서정주가 태어났다.

201

집마다 담장이며 지붕, 벽에 온통 그림이다. 어떤 집은 집주인의 얼굴을 그렸으며, 국화 그림도 있고 미당의 시를 적어놓은 집도 있다. 그림이 있는 마을은 그 하나로 행복해 보인다. 길가에 앉아 있는 할아버지의 웃음도 꽃 같다. 재잘대는 아이들의 목소리가 아득히 먼 전설 같이 멀어져간다.

국화벽화는 농림부가 지원하는 '우리동네 문화공간 만들기' 사업의 하나로 만들어졌다고 한다. 미당의 생애와 시를 기리기 위해 마을사람들은 3년 전부터 동네 뒷산에서 '100억 송이 국화축제'를 열었고, 관광객들이 연간 십만 명 정도 다녀가는 적지 않은 성과를 냈다. 그 결과 2007년 12월 농림부로부터 녹색체험마을로 지정되면서 본격적인 마을 개량사업을 벌이게 된 것이다. 송주철 공공디자인연구소와 마을 주민들은 미당의 시 '국화 옆에서'를 소재로 마을 전체를 국화와 시 그리고 마을 주민들의 얼굴을 그린 벽화로 단장하기로 결정하였다. 그 이후 담장 보수에서 디자인, 그림까지 꼬박 7개월 걸려 지금과 같은 국화마을로 완성하고 '돋음볕'이라는 예쁜 마을이름까지 새로 붙인 것이다.

·· **미당 서정주, 노란 네 꽃잎과 함께 잠들다**

마을 뒷산에 있는 미당의 묘로 향했다. 커다란 소나무 한 그루와 수천의 국화 꽃송이들이 미당의 묘로 가는 길목을 지키고 있었다. 그 국화밭 너머로 미당의 묘가 힐끗 보인다. 미당의 묘 주변에는 국화와 소나무가 어울려 자라고 있었

다. 노란 국화와 푸른 솔잎의 생명력이 가을이라 더 강렬했다. 시인이 고뇌한 뜨거운 밤처럼 그곳 풍경 또한 진지했다. 이제는 신화처럼 아득한 질마재가 그의 마을을 감싸 안고 돌아나간다.

　나는 미당이 묻힌 곳에 서서 그가 태어나고 자란 선운리 마을을 내려다본다. 시인은 가고 없지만 시는 남았다. 그리고 그 시는 그가 살던 마을 곳곳을 국화꽃으로 물들이고 있다.

복원되기 전의 서정주 생가.

복원 후 서정주 생가.

| 주변 여행지 | 선운사, 고창읍성, 학원농장 |

| 가는 길 | **내비게이션 검색_** 전라북도 고창군 부안면 선운리 |

자가용
- 서해안고속도로 → 선운산IC → 선운사 방면 좌회전 → 22번 국도 → 상등교차로에서 부안면 방향 우회전 → 사거리에서 우회전 → 오산저수지 삼거리에서 우회전 → 고갯길(질마재)을 넘으면 시문학관이 보인다(시문학관 옆에 생가가 있고, 길 건너편 마을이 돋음볕마을이다. 그 마을 뒤에 서정주 묘가 있다).

대중교통
- 강남고속버스터미널 호남선 → 고창(직행 버스)
- 고창버스터미널 → 석정온천지구 방면 시내버스
- 고창버스터미널 → 선운리 방면 버스(미당 시문학관을 가는지 물어보고 타면 된다)

| 걷기여행 100배 즐기기 |
- 석정온천지구에서 축제를 할 때는 꼭 꽃마차를 타보길 권한다.
- 시문학관 주변에 생가가 있으며 문학관이 있는 선운 길 건너에 그림과 시가 있는 마을인 돋음볕마을이 있고 그 마을 뒷산에 미당의 묘가 있다.

| 산책 코스 및 소요시간 | 석정온천지구 국화밭, 미당 시문학관(미당 생가) → 돋음볕마을 → 미당마을 뒷산의 미당 묘

석정온천지구 국화 꽃밭을 여유롭게 둘러보려면 40분 정도 소요된다. 미당 시문학관과 미당 서정주 생가, 묘까지 돌아보는 데 1시간 정도 걸린다.

전북 정읍 만석보 코스모스길, 구절초 꽃길

04.

일렁이는 파도처럼 무리지어 흔들리는 꽃들은 더 이상 외롭지 않다. 폭정에 시달렸던 농민들 하나하나야 꽃모가지 톡 하고 꺾이는 꽃 한 송이에 지나지 않았으리라. 그러나 하나 되어 함께 하는 그들은 더 이상 힘없는 농민, 여린 꽃송이가 아니었다. 만석보에는 그날의 함성처럼 와와 외쳐대는 것 같은 코스모스 무리들의 꽃물결이 이 가을에도 넘쳐날 것이다.

·· 꽃보다 아름다운 것은 사람일지니

　가을이라고 해서 세상이 다 가득 찬 건 아니다. 하늘빛으로 단풍 물들고 땅의 색으로 온갖 꽃이 피어날 때 무서리 박힌 텅 빈 새벽 들판이 쓸쓸하다. 구석으로 몰리는 먼지처럼 을씨년스런 골목길 앞에서 서성거리는 사람들의 마음도 그러하니 꽃 진 뒤 그 빈자리로 인해 허전하지 않으려면 꽃보다 아름다운 사람의 마음을 얻어야 할 것이다.

　먼지보다 못하게 살았던 농민들이 있었다. 그들은 죄 없이 옥에 갇히고, 돈도 못 받고 일을 해야 했으며, 생명과도 같은 농사일에 들어가는 물값도 내야 했다. 끼니 걱정에 곯는 배를 움켜쥐고 차라리 죽는 게 낫겠다던 그들이었다. 하지만 그들은 마음을 바꿔 죽을 각오로 폭압과 폭정에 항거했다. 치켜든 손, 성난 발걸음은 이평면 말목장터에 모였다.
　사람이 곧 하늘이고 만민 앞에 평등하다는 그들의 생각은 호남 들판 지평선에 피어난 붉은 노을처럼 온 세상을 가득 메울 것 같은 기세로 퍼졌나갔다.

　　붉은 노을 한울에 퍼져 핍박의 설움이 받쳐
　　보국안민 기치가 높이 솟았다 한울북 울리며
　　　　… 중략 …

　　　　　　　　　　　　　　　　　　　　－ '동학농민가' 중에서

만석보 터진 물에 새 길이 열릴 때 아아아 해방으로 부활하는 산하여

– '부활하는 산하' 중에서

고부군수 조병갑이 보(洑)를 쌓게 하고 임금도 주지 않고, 물세를 과하게 매기고, 숱한 방법으로 농민들의 살을 말리고 피를 짜내는 폭압의 권력을 휘두르자 참다못한 농민들이 만석보(萬石洑)를 때려 부수고 새로운 길을 열고자 한 것이 동학농민혁명의 시작이었다.

농민군의 함성이 백 년 후에도 살아 '독재타도, 민주쟁취'를 연호하며 거리마다 내달린 역사를 잇고 있다. 그 대열에 참여했던 수많은 젊음들이 '동학농민가'와 같은 노래들을 부르곤 했다. 거기서 또 이십여 년이 지난 지금 한 명의 여행자가 농민군 대열이 지났던 길 한복판에 있다. 밤이 이슥해진다.

전봉준 고택.

동학농민혁명 기념관 앞길의 황토현 전적지.

‥ 그날의 함성은 만석보의 꽃으로 피어나고

　새벽들판으로 길을 나섰다. 텅 빈 들판을 안개가 가득 메웠다. 저 먼 곳에 있는 작은 숲은 그 윤곽만 희미하게 드러난다. 논 가운데 전신주 몇 개가 꽂혀 있다. 그 들판 사이에 길이 있고, 길을 따라 양 옆으로 코스모스가 피어났다. 끝이 보이지 않는다.

　들판도 길도 모두 수평으로 넓게 퍼져 있는 세상, 길가 전신주가 여느 때보다 더 우뚝 서 보인다. 수평과 수직이 만들어내는 풍경은 가장 단순하면서도 조화롭다.

　차창 밖으로 손 내밀면 잡힐 것 같은 길가 코스모스가 바람에 흔들린다. 햇살 퍼지기 전에 물기 머금어 함초롬한 꽃잎을 보고 있자니 코스모스는 아침꽃이라는 생각이 들었다. 꽃색 물방울이 금방이라도 떨어질 것 같다. 하늘거리며 흔들리는 줄기와 꽃잎은 따가운 가을볕 아래 서 있기에는 너무 여려 보인다.

　그 길을 지나 농민군이 관군을 상대로 첫 승리를 거둔 전적지인 황토현(黃土峴)과 그 앞에 있는 동학농민혁명기념관을 들렀다. 기념관 로비에는 농민군이 집결했던 이평면 말목장터 감나무를 옮겨와 전시해놓았다. 평등세상을 꿈꾸었던 동학농민혁명의 시대를 한눈에 돌아보고 나니 발걸음에 무게가 실린다. 길을 나와 만석보터에 이르렀다. 지평선이 보이는 들판인 배들평야가 펼쳐진다. 이곳까지 한달음에 달려온 농민군들이 폭압의 상징인 만석보를 부수었던 것이다.

　정읍 이평면에 가면 만석보가 있었던 자리 부근에 둑을 만들었고 그 위에 농민정신을 기억하기 위해 비석을 세웠다. 매년 가을이 되면 이곳에 코스모스가 피어난다. 아침 길가를 지나면서 볼 때까지만 해도 힘없고 가녀린 꽃송이일 뿐이었다. 하지만 어깨동무하며 무리 지은 코스모스가 얼마나 힘찬 함성으로 피

가을길

배들평야.

만석보유지비.

말목장터의 감나무를 동학농민혁명기념관으로 옮겨와 전시하고 장터 자리에는 새 감나무를 심었다.

어나는지 만석보에 서보면 알 수 있으리라. 폭정에 시달렸던 농민들 개개인은 살짝만 건드려도 톡하고 쉽게 꺾이는 대상에 지나지 않았겠지만 하나가 되어 싸웠던 그들은 더 이상 여린 꽃송이가 아니었다. 그날의 함성처럼 와 하며 외쳐대는 것 같은 코스모스 꽃무리의 물결이 이 가을에도 만석보에 넘쳐날 것이다.

·· 구절초 꽃밭에서 그리운 얼굴을 보다

만석보에서 신태인을 지나 다시 길을 달려 칠보로 가는 30번 도로에 들어섰다. 소나무숲 그늘 아래 피어난 흰 꽃무리를 보러가는 길이다. 코스모스 꽃물결의 잔영이 마음에 남아서인지 햇살 퍼진 가을들녘이 텅 비어 있으면서도 가득한 느낌이다.

칠보를 지나 산내면이다. 이제 조금만 더 가면 목적지다. 산내면에 들어가는 길을 따라 구절초꽃이 피어났다. 꽃 피는 때를 맞춰 구절초 꽃축제도 열린다. 먼지도 없을 것 같은 물과 숲과 하늘 아래 사람들이 몰려든다. 꽃은 개화시기가 있어 때를 맞추지 못하면 낭패를 보기 십상인데 다행히 우리가 가는 길 위에는 코스모스도 그렇고 구절초꽃도 만개했다.

구절초꽃 언덕으로 가는 길은 차들로 제법 붐볐다. 앞차가 가는 길에 흙먼지가 날렸지만 가을풍경과 풋풋한 자연의 향기에 차창을 올리지 않았다. 흙길, 자갈밭 주차장에도 코스모스가 한가득 피었다.

낮은 동산 전체가 솔숲이고 그 그늘 아래 온통 하얗게 꽃이 피어났다. 솔잎의 초록과 구절초꽃의 흰빛이 한눈에 들어오는 순간 그 빛깔의 조화에 '순수의 그리움'이라고 이름 붙였다.

흰 꽃이 그 경계를 두지 않고 끝없이 피어났다. 솔숲 산책길을 따라 걸었다.

옥정호

솔향도 가을을 닮아서인지 상쾌하다. 그 아래 키 작은 꽃들이 그윽하다. 내딛는 걸음걸음이 가볍다. 나도 모르는 사이에 누군가의 모습을 떠올리고 있었다.

　그게 첫사랑의 순수한 얼굴 같다가도 오래된 친구의 너털웃음이거나 무리지어 횃불을 든 흰 옷의 사람들 같기도 했다. 저렇게 하얗게 피어나 모두 함께 바람에 일렁이는 꽃무리를 보고서는 누구라도 그들을 생각할 수밖에 없지 않을까. 더욱이 이 땅 정읍에서라면 말이다. 한 점 바람이 지나간 자리에 흰 꽃무리가 일렁인다.

구절초 꽃밭.

주변 여행지 　고부관아터, 말목장터, 만석보 유지비, 전봉준 고택, 옥정호, 산외면 한우거리

가는 길
　내비게이션 검색_ 전라북도 정읍시 덕천면 하학리
　자가용
- 만석보 코스모스 꽃밭_ 호남고속도로 → 태인IC → 30번 도로 신태인 방면 → 신태인읍에서 이평면 방면 → 710번 도로변 만석보 코스모스 꽃밭
- 구절초 꽃밭_ 정읍 시내 방면으로 가서 1번 국도를 타고 태인 방면으로 가다가 태인에서 30번 국도를 타고 칠보 방면으로 간다. 칠보를 지나 산내면사무소 앞에서 우회전(길 왼쪽에 면사무소)한다.

　대중교통
- 강남고속버스터미널 호남선 → 정읍시외버스정류장에서 하차 → 20m 정도 지나 종로약국 앞 시내버스 정류장 → 산내면에서 하차 → 구절초 꽃동산까지 2~3km 정도 도보(버스가 오전 9시 30분부터 하루에 네 대 정도 있으니 타면서 산내면 구절초 꽃동산 간다고 얘기하고 가장 가까운 정류장에서 내린다)

걷기여행 100배 즐기기
- 정읍은 시내버스가 많지 않고 여행지간 연결 노선이 불편하기 때문에 버스를 이용해서 여행지를 돌아보는 것은 어렵다. 정읍 주변의 동학농민혁명 유적지를 다 돌아보려면 자가용을 타는 게 낫다.

산책 코스 및 소요시간
동학농민혁명기념관 → 황토현전적지 → 만석보 → 말목장터 → 전봉준 생가 → 고부관아터 → 산내면 구절초 꽃밭

만석보 코스모스가 피어난 둑방길을 걸으며 풍경을 즐기는 데 대략 30~40분 정도 걸린다. 그곳에서 구절초꽃이 핀 산내면까지는 차를 타고 꽤 이동해야 한다. 구절초 꽃밭을 다 돌아보는 데도 대략 40~50분 정도 걸린다.

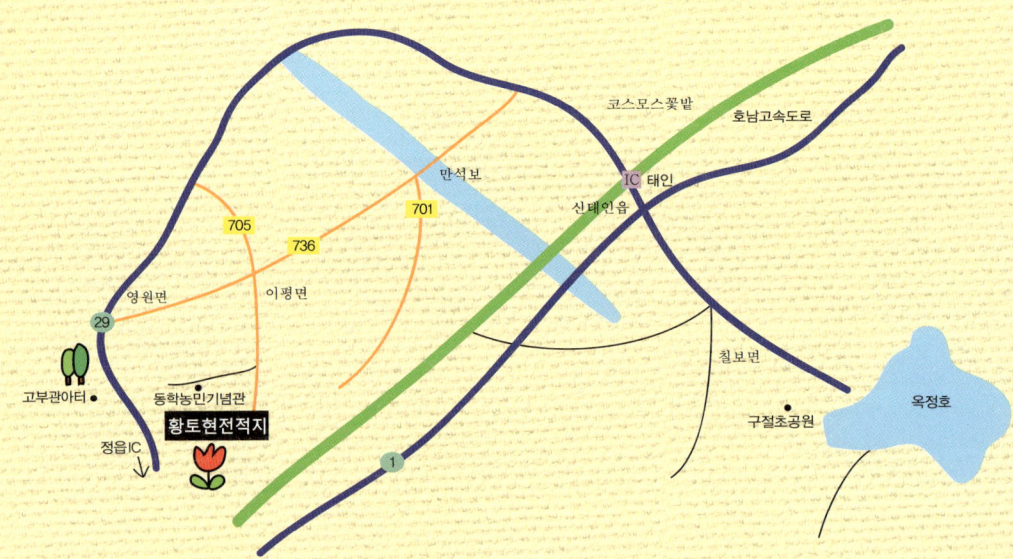

05. 경북 청송 송소고택, 주산지

낡은 것이 새것보다 빛날 때가 있다. 갈잎의 노래가 땅으로 스밀 때쯤 초신성의 발광처럼 빛나는 한순간이 있다. 겨울보다 혹독한 각오로 생을 마감하는 자연의 순리 앞에서 사람들은 엄숙해진다. 오로지 새로운 봄을 위해 산화하는 오래된 것들의 침묵만이 살아 있는 시간에.

·· 하늘이 열리는 곳, 송소고택

　청송군 덕천리의 송소고택은 조선 영조 때 만석의 부를 누린 심처대(沈處大)의 7대손 송소 심호택이 지은 130년 전통의 한옥이다. 행랑채와 큰 사랑채, 작은 사랑채, 안채, 사당으로 구성됐는데 각 건물이 크고 격식을 갖추고 있다. 솟을대문의 별채는 대문채와 별당, 이렇게 두 채로 정면 네 칸, 측면 두 칸이다.

　큰 사랑채는 이 집의 주인이 머물렀던 곳이다. 그 오른쪽에 작은 사랑채가 있고 뒤쪽으로 안채가 있다. 사랑채 앞에는 작은 정원과 우물이 있다. 안채에 드나드는 여자들이 사랑채에 기거하는 남자들의 눈에 띄지 않게 하기 위해 지은 간이담장인 헛담이 두 공간을 나누고 있다. 안채는 'ㅁ'자 형을 이루고 있는데 대청마루에는 빗살무늬의 빛받이창을 달았다.

　뒷산의 울창한 참나무숲과 대나무숲을 배경으로 일곱 채의 한옥 건물이 잘 보존돼 있는 송소고택은 각 건물마다 독립된 마당이 있다. 도시의 하늘로 치솟은 아파트에서 맛볼 수 없는 전통가옥의 운치와 조용함이 서리서리 온몸을 감싼다. 오랜 세월 살아온 마루와 창살, 기둥, 기와지붕에서 시간은 느리게 흐른다. 집 안 이곳저곳을 햇살을 따라 느리게 움직이는 여행자의 발걸음처럼 시선도 한곳 한곳에 느릿느릿 오래도록 머문다.

　송소고택의 터가 원래는 산 바로 아래 시냇물이 흐르던 자리였다는 설이 있다. 물길을 막고 흙을 메우고 터를 다져서 집을 지었다고 한다. 원래 다른 쪽으로 흐르던 물길을 지금의 하천이 있는 쪽으로 돌려서 '배산임수'와 '문전옥답'의 조건을 갖췄을 것이라고 추측된다. 당시에 물길을 돌린다는 것은 큰 토목공사였을 것이다. 또한 그 자리를 메우고 집을 세운다는 것 또한 일반인이 생각할 수 없는 일이었음에 틀림없으리라. 그런 공사를 통해 지어진 송소고택은 집주

송소고택의 가을담장 너머 까치밥.

인의 높은 기세를 느낄 수 있는 한옥이다. 물길마저 돌려 버린 강한 권세의 자취가 집 곳곳에 그대로 배어 있다.

    송소고택에서 하룻밤을 보내고 새 우는 소리에 잠이 깬 동쪽 하늘을 바라보았다. 시퍼런 새벽은 금세 환한 아침을 몰고 왔다. 뜰 안과 밖에 있는 감나무에 새들이 먹을 까치밥이 달렸다. 그리고 작은 사랑채 처마에는 사람이 먹을 감이 실에 매달려 곶감으로 다시 익어가고 있다. 백 년이 훌쩍 넘은 한옥에 아침햇살이 비추면 구석에 잠들어 있던 한옥의 숨결이 살아나 그 생명의 기운을 북돋운다.

    햇살 퍼지는 안채에 앉아 아침상을 받았다. 구수한 아욱국과 함께 나온 묵나물과 묵은김치 맛이 자기들이 살고 있는 곳을 닮았다. 밥에서 뜨거운 태양빛을 머금고 고개 숙인 낱알의 향기가 난다. 황금빛 가을볕이 뱃속에 차곡차곡 쌓이는 것 같다.

아침햇살을 받은 채 송소고택 문지방에 내걸린 곶감.

·· 물과 나무와 안개가 만들어내는 신선계, 주산지

주산지는 봄 혹은 가을에 와야 제맛을 느낄 수 있다. 수묵담채 같은 눈이 내린 날 겨울 풍경도 괜찮다. 신록과 갈색, 흰빛의 세 계절이 지나는 동안 주산지는 대한민국 어디에서도 볼 수 없는 풍경을 만든다. 그중 최고는 코 끝 찡한 바람 부는 늦가을이다.

갈잎의 노래가 땅으로 스밀 무렵 초신성의 발광처럼 빛나는 한순간이 있다. 서릿발에 지쳐 떨어진 낙엽이 흙으로 돌아가는 순간이 바로 그때다. 조금 더 시간이 지나면 생의 순환은 정지한다. 새봄을 위해 산화하는 오래된 것들의 침묵만이 존재한다.

새벽어둠을 뚫고 주산지로 차를 몰았다. 해 뜨기 전이 가장 춥다는 말을 주산지 가는 길에 또 한 번 느낀다. 논바닥에 톱날 같은 서리가 박혀 있다.

가을 주산지의 진풍경을 보려면 해 뜨기 전에 올라가서 햇살 퍼진 뒤에 내려와야 한다. 물안개와 나무가 만들어내는 주산지의 풍경은 막 햇살 퍼질 때가 절경이다. 여명이 비치고 하늘이 열리기 시작하는 듯해서 걸음을 서둘렀다. 다행히 햇살 퍼지기 전에 주산지에 도착했다. 안개는 수면 위에서 움직일 줄 모른다. 물속의 뿌리모양을 닮은 가지가 물 밖에서 괴기스럽게 펼쳐진다. 안개는 저수지 전체에서 피어나더니 물에 서 있는 나무줄기를 휘감고 돈다. 태초의 물과 숲의 모습

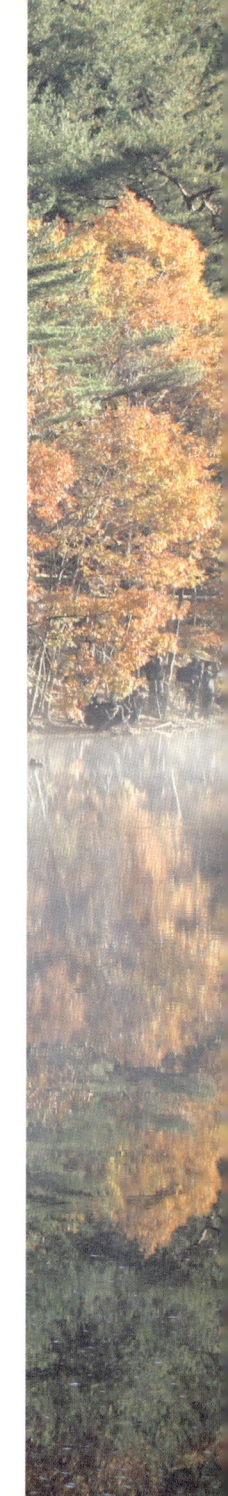

이 이러했으리라. 검푸른 물빛과 산능선 뒤에서 퍼지는 여명이 어울린 풍경은 원시의 숲과 물을 보는 듯하다. 실제의 어둠과 산그림자가 만들어 놓은 허상의 어둠이 겹쳐진 주산지의 모습은 그야말로 장관이다.

·· 진실은 마음속에

늦단풍과 갈잎이 금방이라도 물위로 떨어질 것 같다. 이미 떨어진 낙엽들은 물로 흙으로 돌아가 훗날 새봄 새생명으로 태어나리라. 안개가 그 여백을 채우고 있었고 실체와 그림자가 하나되는 풍경 앞에서 나는 그 어떤 말도 하지 못했다. 안개는 공중으로 흩어지고 새로운 안개가 물의 표면에서 생겨난다.

물속의 나무와 그림자가 수면을 경계로 하나되는 그 풍경 앞에서 실체와 그림자에 대해 생각한다. 실체와 그림자가 모두 '나' 아닌가. 다른 사람에게 비친 내 모습도 '나'이고 내 속의 '나'도 나인 것이다.

새로운 세상과 만나는 경계에서 멈칫거리며 나를 돌아보았던 일들이야말로 버려야 하는 것들에 대한 마지막 점검이었을지도 모르겠다.

| 주변 여행지 | 백석탄, 달기폭포 |

가는 길

내비게이션 검색_ 경상북도 청송군 파천면 덕천리 176번지(송소고택), 경상북도 청송군 부동읍 이전리(주산지)

자가용
- 송소고택_ 중앙고속도로 → 서안동IC → 34번 국도(영덕 방면) → 진보사거리 → 청송·포항 방면으로 우회전 → 31번 국도에서 약 13km 직진 → 파천초등학교 우회전 → 덕천마을 송소고택
- 주산지_ 송소고택 → 31번 도로 → 청송읍내 → 주왕산 방면 → 914번 도로 → 부동면 이전리 주산지 이정표(이전리 마을에서 주산지까지 3km 정도 거리다. 송소고택에서 주산지까지 자가용으로 30분 정도 걸린다.)

대중교통
- 동서울버스터미널 → 청송시외버스터미널(오전 6시 20분부터 오후 4시 30분까지 6회 운행)
- 청송시외버스터미널 → 주산지 주차장까지 가는 버스(만약 부동면 이전리 방면 버스를 탄다면 이전리에서 내려 3~4km 정도 걸어야 한다. 이전리 방면 버스는 대략 30분 간격으로 있다)

걷기여행 100배 즐기기
- 신록의 봄이나 단풍철 시즌에는 인파가 붐비는 만큼 주차전쟁이다. 주산지 바로 아랫마을 이전리에 민박집을 잡고 그곳에 주차한 뒤 걸으면 편하다. 이때 이전리에서 주산지 주차장까지 20분 정도 걸린다.
- 주산지 주차장부터 주산지까지 넓은 흙길을 20분 정도 걸어야 한다.
- 송소고택 숙박문의: 054-873-0234~5

산책 코스 및 소요시간

송소고택, 주산지

06.
경기도 고양시 원당종마목장과 서삼릉

가슴이 간질간질한 게 가만히 있기 힘들지만, 그래도 그런 거 없이 어떻게 세상일 견딜 수 있었겠습니까? 여름 끝 장대비가 가을을 부르고 가을은 물의 가슴을 부풀어 오르게 합니다. 강도 사랑을 하나 봅니다. 저렇게 한껏 부풀어 올라 있으니까요. 저 물도 설레는 그리움으로 가슴이 간질거리겠지요.

·· 원당종마목장 가는 길 위에서 만난 도심 속 자연

서울 지하철 3호선 삼송역에서 탄 마을버스는 종마목장으로 가는 길 입구 삼거리에서 멈추었다. 길옆으로 늘어선 거대한 가로수들은 하늘 저 꼭대기에서 햇빛을 가려 나무터널을 만들어주었다. 잎이 없는 쪽으로 비치는 햇살과 간혹 가지가 흔들릴 때마다 어른거리는 햇볕조각이 상쾌하다.

원당종마목장은 한국마사회가 운영하고 있는 경기용말을 사육하는 목장이다. 도심 속 자연을 느끼기에는 더할 나위 없이 좋은 곳으로 CF나 드라마에 자주 나와 많은 사람들이 찾는 곳이기도 하다. 그곳으로 향하는 길에서는 빨리 걷지 않는 것이 좋다. 가끔 하늘을 올려다보고, 가로수 넘어 풍경에도 눈길을 주며 걷지 않는 것처럼 걷는 것이다. 고갯길 위에 섰을 때 보이는 한 줄로 늘어선 가로수들과 갈색으로 물든 낙엽이 빚어낸 풍경에 마음이 푸근해진다. 그렇게 걸어가다 보면 끝에 흰 목책의 산책로가 이국적인 원당종마목장이 있다.

종마목장 입구를 지나면 짝지어 산책하기 좋은 은행나무길이 나온다. 은행나무 진입로에는 유모차를 밀고 가는 가족도 있고, 가을참새처럼 저희들끼리 재잘거리는 여중생들도 보인다. 길옆으로 하얀 목책이 나란히 이어진다. 그 안쪽으로는 말들이 달리는 길과 풀을 뜯고 뛰어노는 넓은 풀밭이 있다. 푸른빛과 갈색이 어우러진 풀밭 가운데 띄엄띄엄 서 있는 소나무들이 원당종마목장의 목가적인 풍경을 만든다.

목책을 따라 걷는 길 끝에 이국적인 풍경이 펼쳐진다. 흙길과 하얀색 목책이 앞으로 길게 이어져 있으며 그 끝에 소나무 한 그루가 비틀어진 몸으로 서 있다.

원당종마목장에서 서삼릉으로 들어가는 진입로

·· 서삼릉 숲길

종마목장과 울타리를 같이 쓰고 있는 곳이 서삼릉(西三陵)이다. 서삼릉은 사적 제200호로 인종과 그의 비인 인성왕후의 능 효릉(孝陵)과 중종의 계비 장경왕후가 묻힌 희릉(禧陵), 철종과 그의 비 철인왕후의 능인 예릉(睿陵)을 말한다. 또 정조의 장자인 문효세자의 능 효창원(孝昌園), 인조의 장자인 소현세자가 묻힌 능인 소경원(昭慶園), 사도세자의 장자인 세손의손이 묻힌 의령원(懿寧園)과 태실(胎室)이 그곳에 있다.

조선의 왕과 비 그리고 그들의 후손이 묻힌 이곳은 능역의 신성함보다는 가족여행지의 단란함이 넘친다. 많은 사람들이 종마목장은 들르면서도 서삼릉은 그냥 지나치는 경우가 많은데 아이들과 연인 혹은 친구들과 도시락을 싸와서 잔디에서 피크닉을 즐기기에 더없이 안성맞춤인 곳이다.

원당종마목장 출입문 바로 옆에 서삼릉으로 들어가는 문이 있다. 그 안에는 잔디밭과 나무들이 숲을 이루고 있고 그 길을 따라 걷다 보면 잔디로 단장된 거대한 능이 나온다. 나무숲 속이나 능 주변 풀밭에 돗자리를 깔고 많은 사람들이 넉넉한 오후시간을 즐기고 있다. 그 웃음을 뒤로한 채 거대한 가로수길을 돌아 나왔다. 늙은 나무가 높고 무거운 삶의 무게를 안고 줄지어 서 있다. 바람도 그 길을 통과하면서 오래된 향기를 머금는다. 돌아오는 길, 붉은 장미보다 더 절절

하게 사랑을 했던 때를 떠올렸다. 활화산처럼 터져버릴 것 같았던 사랑이 이제는 가을 강처럼 깊고 깊은 아래로만 흐른다. 이번 여행의 종점은 일산호수공원이다. 부챗살 같이 퍼지는 햇볕이 호숫물을 물들인다. 푸른빛 감도는 가을저녁 공기를 머금었는지 호숫물도 부풀어 오른다. 가을도 사랑을 하나보다.

주변 여행지 테마동물원 쥬쥬, 허브농장, 라페스타

가는 길 **내비게이션 검색_** 경기도 고양시 덕양구 원당동 38-70
자 가 용
- 외곽순환 고속도로 → 고양IC → 356번 지방도로 고양 방면 → 원흥삼거리 삼송역 방면 → 농협대학 → 서삼릉 → 원당종마목장

대중교통
- 서울지하철 3호선 삼송역 5번 출구 → 1번 마을버스 → 농협대학 지나 서삼릉 진입로 입구에서 하차

걷기여행 100배 즐기기
- 서삼릉과 원당종마목장은 울타리를 사이에 두고 바로 옆에 있다.
- 서삼릉
  입장시간: 하절기(3월~10월) 오전 9시~오후 5시 30분, 동절기(11월~2월) 오전 9시~오후 4시 30분 / 정기휴일: 매주 월요일 / 문의전화: 031-962-6009
- 원당종마목장
  입장시간: 하절기(4월~10월) 오전 9시~오후 5시, 동절기(11월~3월) 오전 9시~오후 4시 30분 / 정기휴일: 연중무휴 / 문의전화: 031-966-2998

산책 코스 및 소요시간 서삼릉·종마목장 입구 삼거리 → 가로수길 → 원당종마목장 목책길 → 서삼릉

원당종마목장으로 가는 길 입구에서 내려 종마목장까지 이어지는 가로수길을 20분 정도 걸으면 원당종마목장에 도착한다. 원당종마목장 입구부터 일반인들이 드나들 수 있는 목책길 끝까지 걷는 데 다시 20분 정도 소요된다.

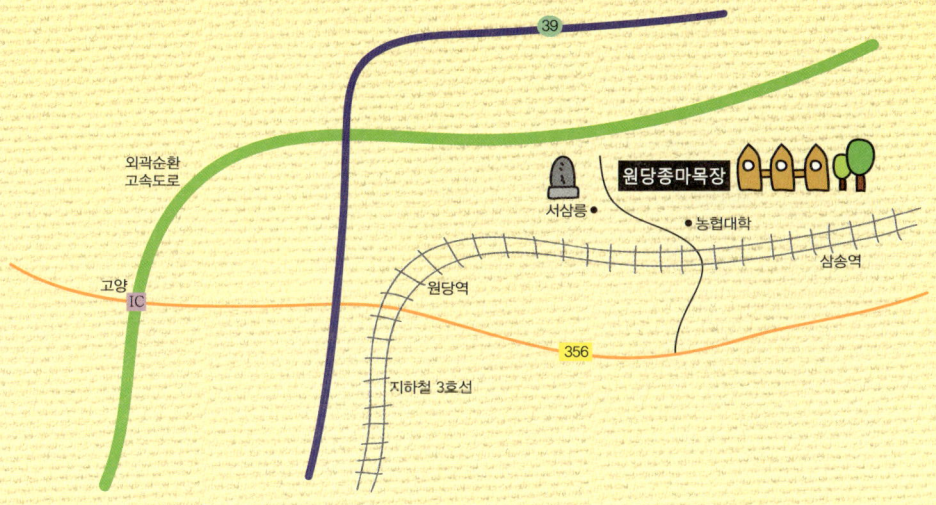

07.
전남 담양 죽녹원 대나무길, 메타세쿼이아 가로수길

비 맞은 댓잎이 반짝거린다. 대낮에도 어두운 게 대숲인데 오늘은 비까지 오니 더욱 음습하다. 빗물이 대나무를 타고 저 꼭대기부터 흘러내리고 나무는 바람에 통째로 흔들린다. 대숲에 인공으로 길을 내 사람들이 걸어 다닐 수 있게 했는데 그 땅마저 대나무뿌리가 엉켜 있다. 어두운 대숲 안에서 자연 그대로의 기운을 온몸으로 받는다. 대숲에 이는 바람 앞에 맨몸으로 서고 싶어진다.

·· 꿈꾸는 나무들의 도시, 담양

가을비가 차창을 긋는다. 남쪽으로 갈수록 빗줄기가 굵어진다. 창문 밖 풍경이 빗방울에 흐릿하게 번진다. 세상이 다 지워지는 것 같다. 비오는 고속도로를 달리는 사이 몽환적인 시간이 흘렀고 이내 광주 종합버스터미널에 도착했다. 이곳에서 남도의 길이 모이거나 흩어진다.

교통 안내판에 붙어 있는 수많은 행선지들에는 그만큼 많은 이야기들이 있을 것이다. 마중과 배웅의 순간을 알리는 걸쭉한 전라도 사투리가 축축한 공기의 무게 위에서 너울을 탄다. 고개를 빼들고 들어오는 버스의 출발지를 확인하는 사람들, 항구에 배가 닿듯 하차장에 차가 들어서면 사람들이 몰린다. 두 손을 꼭 잡고 "오느라 고생했다"며 인사를 건네는 사람들의 얼굴에 웃음이 그치지 않는다. 얼굴에 패인 주름에 만남의 행복이 깊게 고인다.

담양으로 가는 길은 그리 멀지 않다. 차창에 머리를 기대고 잠시 생각에 빠진 사이 차는 이정표를 따라 담양으로 들어간다. 한 번도 와보지 못했던 도시인 담양. 이름만큼 여행자의 마음을 달래줄 수 있을까?

‥ 담양 대나무골 테마공원의 대나무숲에서

비바람 앞에 일렁이는 대밭 앞에서 숲의 아름다움을 보았다. 푸른 생명, 대밭이 비를 맞으며 반짝이고 있다. 하늘과 땅을 잇는 빗줄기처럼 대나무들은 대밭을 이루며 꼿꼿하게 서 있다.

수평선에 피어오르는 여명과 노을 그리고 구름에서 편안하고 안정된 아름다움이 보인다. 더 이상 하늘로 날아가는 꿈을 꾸지 못하는 수평의 세상에서 새롭게 희망을 얻고 꿈을 꿀 수 있는 것은 나무들이 있기 때문이다. 흙과 바위틈, 아스팔트마저 뚫고 솟아나는 나무의 생명력에서 하늘의 향해 열려 있는 수직의 꿈을 본다.

대숲으로 발걸음을 들여 놓는다. 숲의 생명력과 아름다움에 빠져 길을 잃어본 기억은 누구나 있을 것이다. 어릴 적 다람쥐를 따라 달려간 숲에서 한나절 헤매고 나온 추억도 그렇고, 바위에 자라난 야생화 무리에 더 가까이 다가가기 위해 들어섰던 길 아닌 길이 숱하다.

그러나 대숲은 보통 숲과 달라서 길을 잃을 수 없다. 대나무는 애당초 길을 내주지 않기 때문이다. 죽(竹)의 장막, 대나무가 만들어 놓은 자연적인 울타리는 촘촘하게 어울려 자란다. 일부러 길을 낸 자리에도 대나무는 그 뿌리와 뿌리

가 연결돼 있어 서로의 끈을 놓치지 않는다.

대나무숲은 하나다. 한 뿌리에서 퍼져 나간 생명의 줄기가 숲 전체를 이룬다. 질긴 생명력과 함께 서로의 가지를 치지 않고 어울려 함께 자랄 수 있는 게 대나무다. 숲이 울창한 곳에서 보통의 나무들은 가지와 가지가 겹치면 어느 한 쪽은 더 이상 뻗지 않는다. 아니면 구불거리면서 다른 길을 선택해 하늘을 향해 가지를 펼친다. 그러나 대나무는 구불거리지도 자신의 가지를 꺾어버리지도 않는다. 그렇게 온전하게 자신의 꿈을 간직하면서도 주위와 더불어서 함께 숲을 이루며 살아간다.

대나무는 단시간에 빠르게 성장한다. 땅을 비집고 나온 죽순은 하루에 보통 60센티미터부터 80센티미터 정도 자라는데 그렇게 한 달에서 40일 정도 지나고 나면 이미 땅에서 보이지 않을 만큼 그 끝이 하늘에 가까워져 있다. 그러나 정작 놀라운 것은 그렇게 위로 자라기 전에 먼저 4년이란 시간 동안 뿌리를 깊게 내린 후에야 성장을 시작한다는 점이다. 무작정 빠른 성공만을 꿈꾸는 이라면 대나무의 성장이 주는 의미를 곰곰이 생각해볼 일이다. 비온 뒤 단단히 자라나는 죽순처럼, 그렇게 하루도 쉼 없이 하늘을 향해 꿈을 꾸는 대나무 하나를 내 마음속에 심고 싶다.

·· 죽림원

비가 억세게 온다. 택시를 탔다. 얼마 전 담양군에서는 이른바 '담양택시투어'라는 제도를 마련했는데 그렇게 좋은 효과를 얻지는 못한 모양이다. 그러나 택시기사와 얘기만 잘되면 일정한 금액에 담양 곳곳을 돌아볼 수 있다. 택시기사는 비공식 여행 안내자다. 여행길에 동반자가 생긴 셈이다. 이런저런 얘기를 나누는 동안 택시는 빗속을 뚫고 달린다.

한겨울 눈 쌓인 산골에서 어머님 병을 낫게 하기 위해 산딸기를 찾으러 나간 효자를 다룬 우리의 옛이야기처럼 대나무에 얽힌 중국의 고사가 있다. 맹종이라는 사람이 어머니 병을 치료하려고 여러 방법을 찾던 끝에 '죽순'이 마지막 희망임을 알게 됐다. 때는 겨울이었기에 맹종은 끝내 죽순을 찾지 못했다. 어머니의 위독한 병세를 걱정하던 맹종은 눈밭에 엎드려 목 놓아 울었다. 그런데 그의 효심에 하늘도 감동했는지 그 눈물이 떨어진 자리에서 죽순이 움을 틔웠다. 그래서 붙은 대나무 이름이 '맹종죽'이다.

죽림원은 맹종죽으로 만든 대통밥 등의 여러 가지 대나무 요리를 맛볼 수 있는 곳인데, 식당 주변 2,000평 정도가 맹종죽밭이다. 맹종죽 죽순이 단맛이 있어 식용으로 사용하기에 적합하다.

금성면에 가면 대나무골 테마공원이 있는데, 이곳은 자연적으로 조성된 대나무숲을 조경해서 꾸민 곳이다. 3만여 평의 터가 대숲이다. 숲 전체에 오솔길을 내고 곳곳에 쉼터를 마련했다.

비 맞은 댓잎이 반짝거린다. 대낮에도 어두운 게 대숲인데 오늘은 비까지 오니 더욱 음습하다. 빗물이 대나무를 타고 저 꼭대기부터 흘러내리고 나무는 바람에 통째로 흔들린다.

대숲에 인공으로 길을 내 사람들이 걸어다닐 수 있게 했는데 그 땅마저 대나무뿌리가 엉켜 있다. 하늘이 보이지 않는 좁은 대나무길에 압도당한다. 어두운 대숲 안에서 자연 그대로의 기운을 온몸으로 받는다. 대숲에 이는 바람 앞에 맨몸으로 서고 싶어진다.

가을길

·· 담양의 명품 산책 코스, 메타세쿼이아 가로수길

　전남 담양에서 전북 순창으로 이어지는 옛길에 심어진 메타세쿼이아 가로수길은 동화 속 한장면 같다. 봄이면 신록으로, 여름이면 푸른숲으로, 가을이면 갈잎으로, 겨울이면 눈꽃으로 그 모습을 달리하는 메타세쿼이아 가로수길. 하늘을 덮은 나뭇가지가 만든 터널을 아래 차를 멈추고 한참을 그대로 서 있었다.

　도로 확장공사를 하면서 가로수를 없애고 이 길을 더 넓게 만들려다가 현재의 모습이 너무나 아름다워 보존하기로 결정하고 그 옆에 따로 새 도로를 냈다. 아직도 많은 사람들이 넓고 시원하게 뚫린 새 도로를 놔두고 굳이 이곳으로 차를 몰고 온다. 이 길에서 차들은 제 속도를 내지 못한다. 풍경이 여행자의 눈을 사로잡고 속도의 욕망마저 잠재우는 것이다.

　이 길 안에서라면 비를 맞아도 서두르지 않는다. 혼자 혹은 일행과 함께 차에서 내려 비오는 가로수길을 걷는다. 가로수는 더 커지고 사람들은 점점 작아

진다. 어른에서 아이로. 이 길에서면 누구나 아이들이 된다. 어른들이 사는 동화 나라다.

30여 년 전 만들어놓은 메타세쿼이아 가로수길의 묘목이 자라 큰 나무가 되고, 그 나무숲이 만들어낸 동화 속 세상에서 사람들은 잠시나마 따듯해진다. 그러나 그 이면에는 농사를 짓는 사람들의 어려움이 남아 있다. 가로수가 커가면서 주변 논에 그늘이 생기자 농사에 지장이 생겼던 모양이다. 그래서 농민들은 논 근처에서 태양빛을 가리는 가로수를 베어냈다. 곳곳에 이가 빠진 것 같은 지금의 가로수길 뒤에는 그런 사연도 있다.

메타세쿼이아 가로수길은 가을뿐만 아니라 봄에도 놓치기 힘든 장관을 보여준다. 담양의 봄을 대표하는 풍경 중 하나가 메타세쿼이아 길이 시작되는 곳에서 반대 방향으로 약 10킬로미터에 걸쳐 뻗어 있는 관방제림의 벚꽃길인데, 그중 메타세쿼이아 가로수길부터 시작되는 약 1킬로미터 구간이 가장 아름답다.

단풍도 시들면 낙엽이 되고 물기 빠지면 누런 잎은 서걱거리며 흙으로 돌아가지만 나무는 그 모든 과정을 담담하게 받아들인다. 새봄의 꿈이 있기 때문이다. 그 꿈을 담고 있는 담양은 그래서 아름답다.

| 주변 여행지 | 죽녹원, 대나무박물관, 대나무골테마공원 |

가는 길

내비게이션 검색_ 전라남도 담양군 담양읍 향교리

자가용
- 호남고속도로 → 동광주IC → 29번 도로 → 담양 방면 좌회전 → 담양 24번 도로 → 금성·순창 방면 → 담양읍

대중교통
- 강남고속버스터미널 호남선 → 담양
- 강남고속버스터미널 호남선 → 광주 → 담양 방면 버스(광주버스터미널에서 담양 방면 시내버스는 수시로 있다)

걷기여행 100배 즐기기
- 대나무골테마공원 대나무 숲길을 모두 걸었다면, 메타세쿼이아 가로수길에서는 진입로에 있는 자전거 대여소에서 자전거를 빌려 시원하게 달려보자.
- 각 여행지마다 연계된 시내버스가 없기 때문에 각 코스 간의 이동은 택시로 하는 것이 편하다.

산책 코스 및 소요시간

메타세쿼이아 가로수길, 대나무골테마공원, 죽녹원, 대나무박물관

메타세쿼이아 가로수길, 대나무골테마공원, 죽녹원, 대나무박물관 등은 돌아보는 데 각각 30분~1시간 정도 잡으면 된다. 단, 한 장소에서 다른 장소로 이동할 때는 차로 이동해야 한다.

08. 전북 고창 선운사 사찰길

가을이 깊어지면 사람들은 수련대기 시작한다. 무엇을 거두고 남겨야 하는지에 대한 고민이다. 가을이 깊어지면 온 숲과 거리에 나무들 또한 웅성댄다. 푸르렀던 지난 날 얼마나 치열했던가를, 그래서 이렇게 마지막까지 불꽃을 피울 수 있다는 것을 이야기한다. 나는 누구에게 아름다운 숲이었던가?

·· 늙은 시인의 산책길을 걸으며

　단풍이 때로는 꽃보다 아름다울 수도 있다는 것을 고창 선운사 단풍을 보고 처음 알았다. 산과 골짜기를 울긋불긋 물들인 단풍숲을 보면서 나 또한 단풍처럼 곱게 세월의 물이 들겠노라는 다짐을 해본다.

　선운사로 발걸음을 옮겼다. 입구부터 단풍물이 어여쁘게 들어 있다. 강렬한 붉은빛, 샛노란 병아리색, 창호지를 통해 걸러진 햇빛의 고운 입자 같이 은은한 빛, 감빛 물든 갈옷의 색이 모여 숲을 이루었다. 울긋불긋한 색들이 모여 이룬 숲을 보고 있으면 나무들이 모여 웅성대는 것 같다.

　단풍숲이 웅성대는 소리를 들으며 선운사로 천천히 걸음을 옮겼다. 길옆 시냇물 위에 형형색색의 낙엽이 쌓였다. 물위에 그림자로 비치는 단풍의 붉은색 위로 단풍잎이 떨어진다. 온통 울긋불긋한 자연의 빛이다.

　오래된 절 뒷산 숲도 다르지 않았다. 절집 기와담장 안 감나무에 열린 감은 주황빛으로 빛나고 있었고, 선운사의 절마당은 가을오후의 넉넉한 빛을 머금은 채 붉은 단풍과 감이 어울려 익어가고 있었다. 이런 풍경 속에 있다면 가을을 닮은 차 한 잔 마시는 것도 괜찮겠다 싶었다. 요즘에는 절 안에서 차를 마실 수 있게 해놓은 곳이 많이 늘었다. 선운사 또한 그러한 장소가 있다. 늦가을 사방에서 느껴지는 찬기운도 따뜻한 차 한 잔이면 가신다.

    선운사의 맑은 차로 몸과 마음을 정갈히 한 뒤 부도밭으로 발걸음을 옮겼다. 선운사 부도밭 가는 길에도, 초록빛 남은 풀밭 위에도 붉은 잎이 쌓였다. 초록색과 붉은색의 강렬한 어울림이 마음을 사로잡았다. 떨어진 잎들이 흙 위에서 풀밭 위에서 새로 피어난 단풍 같았다. 새로운 생명을 얻는 순간이니 그 어울림이 어찌 사람의 마음을 사로잡지 않을 수 있겠는가. 단풍이 절정으로 빛나는 것은 소멸과 생(生)이 한몸에 있기 때문이다.

·· 시인의 발걸음을 따라 선운사 동구 길을 걷다

    동백꽃을 구경하러 왔다 때가 일러 꽃은 보지 못하고 육자배기 가락만 듣고 갔다는 시처럼 미당은 봄이면 선운사 동백꽃 구경을 다녀갔었나 보다. 그가 어느 해 봄날 놓았던 꽃길 발걸음을 쫓아 가을 단풍길을 걷는다.

    선운사 부근에 서정주의 흔적은 동백호텔, 선운사 입구, 풍천삼거리 등 여기저기에 흩어져 있다. 먼저 동백호텔의 옛 이름은 동백장 여관이다. 미당은 모양문학회(1959년에 창립됐으며 지금까지 그 명맥을 이어오고 있다) 명예회장을 맡고 있었는데 고향의 문학모임이 활성화되기를 바란 미당은 1980년부터 '동백

년'이라는 축제에 매년 참가하였고 고향인 고창에 내려오면 이곳에 머물렀다고 한다.

옛 동백장여관 자리 부근에 고창 라이온스클럽이 1974년 5월 19일에 세운 미당 시비가 있다. 시비에는 미당의 시 '선운사 동구' 전문이 새겨 있다. 시비에 새긴 글씨는 미당이 직접 쓴 육필 원고를 확대해서 돌에 붙이고 그 모양대로 새겨넣은 것이었다.

선운사 골째기로
선운사 동백꽃을 보러 갔더니
동백꽃은 아직 일러
피지 안했고
막걸리집 여자의
육자배기 가락에
작년 것만 상기도 남었습니다
그것도 목이 쉬어 남었습니다.

― 서정주, '선운사 동구' 중에서

1968년에 출간된 제5시집 『동천』에 실린 작품이다. 옛날에 선운사 입구로 들어가는 풍천 삼거리쯤에 있던 막걸리집이 있었다고 한다. 그 집 주모가 한국전쟁 때 죽자 미당은 그 주모를 생각하며 '선운사 동구'를 지었다고도 전해진다. 동백을 보러 선운사를 찾은 미당은 아직 피지 않은 동백 봉오리에 육자배기

타령 쉰목소리의 주모를 추억하며 '그것만 목이 쉬어 남았다'고 썼을 것이다.
 미당의 발걸음을 쫓아 선운사 깊은 곳 가을의 품에서 나오는 길에 앙상한 나뭇가지가 추워 보인다. 나는 아쉬운 마음을 길거리에서 파는 막걸리 한 사발로 달래고 계절이 바뀌는 하늘처럼 빠른 걸음으로 단풍 속에서 걸어 나왔다.

서정주 시비.

붉은 잎이 가을 시내를 붉게 물들였다.

| 주변 여행지 | 선운산도립공원, 미당 시문학관, 고창읍성 |

가는 길

내비게이션 검색_ 전라북도 고창군 아산면 삼인리
자가용
- 서해안고속도로 → 선운산IC → 22번 도로 → 선운사 방면 → 선운사 삼거리 좌회전 → 선운사

대중교통
- 강남고속버스터미널 호남선 → 고창버스터미널 → 선운사 방면 시내버스 → 선운사

걷기여행 100배 즐기기
- 선운사 주차장에서 선운사까지 걸어서 20분 정도 걸린다.
- 선운사 주변에 장어요리집이 곳곳에 있다. 영양가 높은 음식들이 여행의 피로를 달래줄 것이다.
- 선운사의 개화 시기에 맞춰 여행 일정을 잡자.

산책 코스 및 소요시간

선운사 주차장 입구 → 도솔천계곡 → 선운사

도솔봉으로 이어지는 약 3km의 계곡을 따라가면 진흥굴과 도솔암이 나온다. 미당 시문학관과 생가를 둘러보는 데는 30분 정도 걸린다.

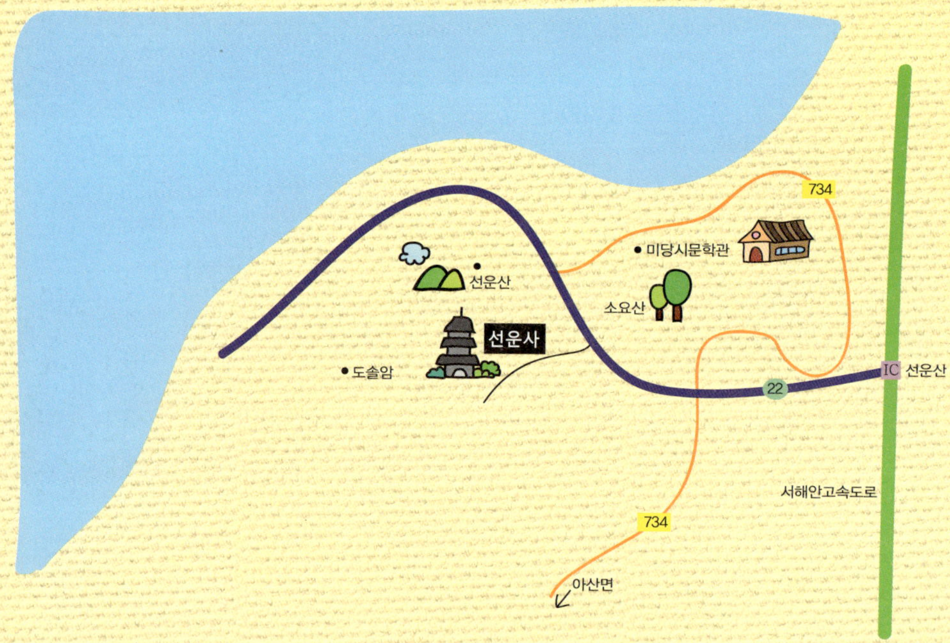

강원도 속초 영금정~청호동 아바이마을 바닷길

09.

그리움 먹고 자란 고향 꿈 50년. 그들은 사람 떠난 바다에 남아 또 한번의 가을을 맞이한다. 간혹 또 다른 그리움을 찾아 이곳까지 온 여행자의 긴 그림자가 길 위에서 헤맬 때면 그리움은 그리움으로 통하고 바다는 그때마다 저 달마저 삼켜 버린다.

·· 누구나 한번쯤 걸어보고 싶은 낭만적 바닷길, 동명항 방파제 등대길

안개처럼 곱게 부서져 공중을 떠다니는 빗방울을 헤치고 등대를 향해 걷는다. 속초 동명항의 등대가 잃었던 낭만을 불러일으킨다. 등대 주위에는 먼저 그곳에 온 연인들이 하얀 웃음을 나누고 있다. 사람들은 한참을 깔깔대다 빨간 등대 너머에서 넘실대는 영원의 바다를 바라보고 있었다.

이십 년 가까운 세월이 지나고 다시 찾은 동명항은 많이 변해 있다. 방파제에 줄지어 있던 파라솔도 회를 파는 아줌마들도 없고 비 또한 내리지 않았다. 방파제에서 회를 팔던 아줌마들은 모두들 항구 앞에 새로 들어선 2층짜리 건물로 들어가 있었다.

옛기억을 더듬던 가슴이 허전해왔다. 비가 오지 않는 것이 서운하기까지 했다. 나도 모르는 내 마음이 그날 그 방파제와 그 사람들과 그 밖의 모든 것이 내 앞에 고스란히 남아 있기를 바랐던 모양이다. 영금정 바다의 방파제에 올라 수평선을 바라보는 낚시꾼의 등이 처연하다.

횅한 바람이 방파제를 쓸고 지나간다. 그 길을 따라 빨간 등대가 있는 곳까지 걸었다. 등대는 있었지만 수리 중이었다. 등대 바로 앞에 '공사 중 출입금지'를 알리는 차단기가 설치됐다. 추억으로 가는 길마저 막혀버린 그곳에 우두커

니 서서 이십 년 전의 추억을 바라보았다.

·· 바다가 타는 거문고, 영금정

돌아오는 길에 회타운 2층의 바다가 보이는 테이블에 앉아 오징어와 놀래미를 시켰다. 먹구름이 몰려들었으나 비는 오지 않았고 간혹 노을빛이 구름 사이에서 햇빛을 쏟아내고 있었다.

구름이 걷힌 동명항의 아침은 또 다른 모습으로 다가왔다. 새벽바다를 열고 아침을 준비하는 바다사람들의 손길이 분주하다. 나는 그들 사이를 비집고 들어갔다. "오늘 오징어 시세가 조금 비싸다" 혹은 "문어 좋은 게 들어왔다"며 여행자를 맞이한다. 이들은 벌써 몇 번의 아침을 이렇게 열었을까.

방파제 돌무더기에 올라 바다를 바라보는 낚시꾼의 등 뒤로, 바다를 떠다니는 유람선 깃발에도, 팔짱 낀 연인들의 하얀 웃음에도, 자맥질 하는 해녀의 머리 위에도 파란 하늘과 맑은 햇살이 내려앉았다. 모든 것이 너무나 평화스럽고 안정적이다. 항구가 있는 바다 건너 사람 사는 마을 뒤에 자리잡은 설악산이 한눈에 들어온다. 저 거대한 바위의 무리가 여행자의 마음을 사로잡는다. 설악의 큰 산줄기와 사람 사는 마을 사이에 병풍 같이 놓인 거대한 바위산이 흔들림 없이 자리를 지키고 있다.

더 이상 갈 수 없는 등대의 길에서 돌아 나와 항구가 시작되는 바닷길 끝의 영금정(靈琴亭)으로 발걸음을 놓았다. 지금은 바다를 향해 고개를 내민 정자에 영금정이라는 이름이 붙었지만, 원래는 바다 저 밑에 뿌리를 두고 정자를 받치

고 있는 너럭바위와 그 바위가 이어져 육지에서 솟은 바위산이 그 이름의 주인이다. 파도가 바위에 부딪히며 내는 소리가 거문고 타는 소리와 같다 하여 그곳 바다와 바위산을 통틀어 영금정이라고 불렀다.

   정자에 서서 바다를 내려다보니 햇살 부서지는 물결이 풍요로운 가을들판 같다. 꽃 피어야 할 때 못피거나 꽃 피고서도 열매 맺지 못하거나 열매를 맺었으나 거두지 못하는 일도 어찌 보면 사람의 일이리라. 후회와 반성의 마음에 영금정 세찬 파도가 들이친다. 그리움은 그리움으로 흘려보내고 사랑은 사랑으로 완성할 줄 알아야 하는데 온몸을 울려 소리를 내는 거문고 현(絃)의 노래는 언제 다 부를 수 있을까.

·· 못 다 부른 노래, 청호동 망향가

 아바이마을로 들어가기 위해서는 도로를 통하면 되지만 갯배를 타도 된다. 특별한 경험이 될 듯하여 영금정에서 나와 청호동으로 들어가는 갯배 선착장이 있는 곳으로 자리를 옮겼다. 갯배를 타면 1분도 안 되어 청호동에 도착할 수 있다. 그렇지 않으면 먼 길을 돌아서 가야 한다.

 청호동은 한국전쟁 때 내려온 함경도 사람들이 사는 피난민 마을이다. 전쟁의 포화를 피해 남으로 내려온 피난민들은 부산, 거제도 등지에 흩어져서 살았는데, 같은 고향 사람들끼리 가까이서 의지하며 살자는 취지 아래 1951년부터 이곳 청호동으로 모여들었다. 조금이라도 더 고향땅에 가까운 곳에 살기 위해 속초 청호동에 터를 잡은 함경도 사람들은 그때부터 가리지 않고 억척스럽게 일을 했다. 언젠가 전쟁이 끝나면 고향으로 돌아가기 위해 집도 대충 짓고 살았다. 그러나 전쟁이 끝난 뒤에 휴전선이 생기고 마음대로 오갈 수 없게 되자 그냥 그렇게 이곳에 정착하게 된 것이다.

 청호동, 지붕 낮은 집들이 옹기종기 모여 골목을 이룬 곳. 어릴 때 뛰어놀던 골목의 정서가 배어 있다. 오래된 집 담장 아래 붉은 장미가 피었다. 망향의 세월 오십여 년, 그리움에 사무친 청호동마을 사람들의 마음이 꽃으로 피어난다면 아마도 저리 붉은 장미를 닮았을 것이다.

 '단천식당'이라는 간판 아래 냉면과 순대가 전문이라는 내용의 글귀가 적혀 있다. 식당으로 들어가 순대를 시켰다. 그러고 보니 청호동 아바이마을이 아바이순대와 오징어순대로 유명한 마을이 아니던가. 명성대로 순대는 최고의 맛이다. 쫄깃한 순대껍질과 구수한 순대의 맛이 어우러져 입에서 녹는다. 직접 집에서 담갔다는 막걸리는 깊은 맛이 우러난다.

　식당 주인할머니는 1951년부터 이곳에 터를 잡았다. 살기 위해 무슨 일이라도 해야 했고, 처음 시작한 일이 냄비장사였다. 한 해 두 해 지나고 외로움이 점점 짙어지자 흩어져 살던 고향사람들을 이곳으로 불러들였다. 언젠가 고향으로 갈 수 있으리라는 생각은 가슴속에서 지우지 않았다. 그러나 전쟁이 끝나고 휴전선이 그어졌다. 그렇게 고향으로 가는 길은 사라졌다.

　세월이 흐르며 사람들이 모이고 마을 모습이 갖춰질 무렵 할머니는 순대를 만들어 팔기 시작했다. 그 옛날 고향에서 먹던 맛 그대로 함경도식 순대를 만들었던 것이다. 일흔을 훌쩍 넘긴 할머니의 얼굴에 패인 골 깊은 주름이 녹록하지 않았던 세월의 무게를 말해준다.

청호대교 다리 밑에 고기잡이배들이 어깨를 맞대고 정박해 있다.

아바이마을의 명물, 아바이순대.   아바이마을 앞바다.

　마을사람들이 고향이 그리울 때마다 찾았을 마을 앞 바닷가로 걸음을 옮겼다. 빈 파라솔 몇 개가 백사장을 지키고 있고 몇몇 사람들이 그 옆을 거닐고 있다. 오십 년 전 텅 빈 백사장에 서서 고향땅의 소식을 궁금해하던 사람들의 모습이 지금 백사장을 거니는 사람들의 모습에 겹쳐진다. 못 다 부른 망향의 노래, 그리운 세월을 간직한 바다가 시퍼렇게 멍들어 뒤척인다.

청호동 아바이마을로 가는 길 위에서 70, 80년대의 마을모습을 쉽게 찾아볼 수 있다.

주변 여행지 동명항 방파제, 빨간 등대, 동명항 회타운, 영금정, 영금정 등대박물관, 속초해수욕장

가는 길
내비게이션 검색_ 강원도 속초시 동명동(영금정), 강원도 속초시 청호동(청호동)
자가용
- 동해고속도로 현남IC → 양양·속초 방면 → 7번 국도 → 대포항 → 속초고속버스터미널 좌회전(직진하면 청호동 바다) → 수복탑공원 → 동명항

대중교통
- 강남고속버스터미널·동서울터미널 → 속초고속버스터미널 → 100m 정도 도보 → 시내버스 정류장 영랑동 방면 시내버스(1, 7, 9번) 승차 → 동명항 하차

걷기여행 100배 즐기기
- 동명항에서 방파제의 빨간 등대까지 걷는 길은 항구를 빠져나가는 고기잡이배의 힘찬 모터소리까지 들을 수 있는 낭만적인 바닷길 코스다.
- 동명항 입구에 포장마차가 즐비해 산지 해산물을 바로 맛볼 수 있다.
- 동명항에서 아바이마을로 이동할 때 걷기보다는 택시를 타고(기본 요금) 갯배 선착장까지 가서 갯배를 타는 것이 편하다.

산책 코스 및 소요시간
영금정(동명항), 갯배 선착장 → 청호동 아바이마을 → 속초해수욕장

바다 위 정자, 영금정부터 동명항 방파제 빨간 등대까지 오가는 데 20분 정도 소요된다. 그리고 아바이마을 골목은 10~20분 정도 돌아볼 수 있다. 아바이마을에서 속초해수욕장 방면으로 길머리를 잡으면 청초호가 나오는데 거기서부터 속초해수욕장까지 바닷길을 걸으면 대략 20~30분 정도 걸린다.

전남 장흥 상선약수마을 삼림욕길

10.

장흥군에서 지정한 농촌체험마을인 상선약수마을은 느낌이 있고 풍경이 있는 마을이다. 자연 그대로 옛 선조들이 만들어 놓은 넓은 정원이 마을 가운데 있어 여유와 풍요를 맘껏 향유할 수 있는 곳이다. 마을 한가운데에 자리한 방죽(연못) 주변에는 수령이 100년 이상 된 오십여 그루의 배롱나무가 군락을 이루고 있다. 100일 동안 꽃핀다 하여 '백일홍(百日紅)'이라 불린다.

·· **백일홍 수목길**

　장흥 버스터미널에 도착하니 오후 2시가 넘어 있었다. 상선약수마을까지 터벅터벅 걸었다. 지도상으로 보니 2킬로미터가 조금 넘는 거리다. 하지만 오르막 없는 찻길이라 그다지 힘들지 않았다. 얼마나 걸었을까? 눈앞에 멋진 가로수길이 펼쳐진다.

　상선약수마을의 진입로는 얼핏 담양 메타세쿼이아 길과 흡사하다. 20~30미터 정도 늘어선 가로수길을 걸으니 정자 하나가 나오고 앞 갈림길에 마을 안내 표지판이 보인다. 그곳에 마을을 돌아보는 산책로가 지도와 함께 자세하게 그려져 있다.

　장흥군에서 지정한 농촌체험마을인 상선약수마을은 느낌이 있고 풍경이 있

상선약수마을 초입 길.

는 마을이다. 자연 그대로 옛 선조들이 만들어 놓은 넓은 정원이 마을 가운데 있어 여유와 풍요를 맘껏 향유할 수 있는 곳이다. 마을 한가운데에 자리한 방죽(연못) 주변에는 수령이 백 년 이상 된 오십여 그루의 배롱나무가 군락을 이루고 있다. 100일 동안 꽃핀다 하여 '백일홍(百日紅)'이라 불린다.

·· 대나무 산책길과 편백숲 산림욕길

마을 뒤에는 3헥타르에 달하는 대나무 군락이 있다. 공기를 담뿍 들이마시며 산책할 수 있는 이곳은 대숲이 댓잎들이 하늘을 가려 햇빛이 직접 들지 못한다. 쭉쭉 뻗은 가지에서 강인한 생명력을 느낄 수 있다.

길을 따라 마을 안으로 들어가기 전에 정자 옆으로 난 대나무 숲길을 걸었다. 울창한 대숲 안은 어둠침침하다. 작은 산책로를 걷다가 만나는 곳이 편백나무 숲이다. 삼림욕에 가장 좋다는 편백숲이 산기슭에 자리 잡고 있다. 대숲에 이은 편백숲의 산책은 상선약수마을의 매력이다. 호젓하게 걷기 좋은 그 길을 마음껏 음미하고 숲길을 되짚어 돌아오는데 대나무에 가린 숲 저편에서 발자국소리가 들려 깜짝 놀랐다. 상대방도 놀랐을까봐 일부러 헛기침을 하며 갔더니 푸른 눈의 아리따운 아가씨가 맞은편에서 걸어온다. 작은 배낭을 메고 사뿐한 발걸음으로 숲길을 걸어오는 그녀와 간단한 눈인사를 나눴다. 그리 널리 알려진 여행지도 아닌 장흥의 이 외딴 마을을 그녀는 어떻게 알고 찾아왔을까? 여행의 고수를 만난 기분이다.

나는 다시 마을입구로 나와 마을로 들어가는 길을 따라 걸었다. 나뭇가지가 앙상하게 드러나고 잎은 다 떨어져 길을 덮었다. 낙엽을 밟으며 천천히 마을로 들어서자마자 작은 연못이 보인다. 연못 주변에 백일홍 나무가 줄지어 있다. 꽃

피는 봄날이면 울긋불긋 꽃이 피어나 꽃터널을 만든다고 한다.

·· 오래된 정원의 낙엽길 따라 내 마음도 따라나서고

연못을 한 바퀴 돌아 마을 위로 더 올라갔다. 이끼 낀 돌계단 위로 고목이 휘엉청 구부러져 자란 게 오래된 마을 분위기를 자아낸다. 조금 더 올라가니 숲에서 내려오는 산물을 고이게 한 우물이 아직도 남아 있다.

그렇게 마을을 돌아보는 사이 한 시간 남짓 시간이 흘렀다. 다시 마을 입구 정자에 앉아 쉬고 있는데 마을 입구 저수지 풍경이 예사롭지 않았다. 저수지 한쪽에는 동백군락이 있다. 저수지를 따라 난 길을 걸어가며 바라본 풍경이 그림 같다.

상선약수마을은 마치 오래된 정원 같다. '최고의 선은 물과 같다(上善若水)'고 노자가 말했던가. '거슬러 흐르지 않고 낮은 곳으로 흘러 모이는 이치를 품고 있는 물이 도에 가깝다' 는 뜻 정도로 생각하면 될 것 같다. 제 자리에서 제 역할을 다하며 여행자를 맞이하는 여러 종류의 나무들처럼 이 마을에는 삶의 이치를 거스르지 않을 줄 아는 이들이 모여살고 있을 것만 같다.

상선약수마을 입구의 대나무 산림욕장. 이 길을 따라 조금만 걸으면 편백나무 산림욕장이 나온다.

상선약수마을 샘.

·· 200년 전통녹차, 평화다원 청태전

상선약수마을 끝자락에 위치한 평화다원은 '청태전(靑苔錢)'을 전통방식으로 재현해 놓은 곳이다. 청태전은 1,200여 년 전 통일신라 때 중국 당나라로부터 전해 온 장흥의 전통차이다.

평화다원에 벽에 걸린 장흥의 전통녹차 청태전은 언뜻 보면 엽전꾸러미처럼 보인다. 이렇게 엽전 모양으로 만들어 막대에 길게 꽂아놓은 청태전을 열 개 단위로 팔기도 한다. 장흥 지역 야생차밭에서 7월~9월이면 차잎을 따 가마솥에 찐 뒤 다시 절구에 찧어서 엽전 모양으로 만든다. 그리고 처마 끝에 걸어 놓아 발효시킨다. 본래 이름은 돈차로 불렸지만 바다의 파래와 비슷한 색깔에 동전 모양으로 만들어져 장흥지방에서 청태전으로 붙여졌다 한다.

평화다원의 주인이자 평범한 시골아주머니인 김수희 씨는 지금은 사라진 전통차 청태전을 그대로 재현하여 복원시켰다. 온화한 미소로 청태전에 대한 자세한 설명을 해주는 그녀와 함께 차와 담소를 나누다 보니 도심 생활에 찌든 마음이 맑게 씻기는 듯하다.

주변 여행지 억불산, 백일홍수목군락지, 천관산 도립공원

가는 길
내비게이션 검색_ 전라도 장흥군 장흥읍 평화 1구 상선약수마을
자 가 용
- 서해안고속도로 무안IC → 1번 국도 → 나주 → 23번 국도 → 금정 → 유치 → 장흥읍 → 평화리 → 상선약수마을
- 광주 → 1번 국도 → 나주 → 23번 국도 → 금정 → 유치 → 장흥읍 → 평화리 → 상선약수마을

대중교통
- 강남고속버스터미널 호남선 → 장흥 방면 버스(오전 8시 50분, 오후 3시 40분, 오후 4시 50분)
- 강남고속버스터미널 호남선 → 광주 → 장흥 방면 버스(광주행 버스는 수시로 운행 중)

걷기여행 100배 즐기기
- 상선약수마을의 대나무숲, 편백나무숲, 동백꽃, 메타세쿼이아 가로수길, 배롱나무숲 등을 내리 걸어야 하므로 편하고 여유로운 복장과 시간은 필수다.
- 상선약수마을은 체험마을답게 방죽산책·산림욕(죽림욕) 등의 건강체험, 표고 대통밥·야생녹차다도 등의 맛체험과 테마프로그램이 다양하다(문의전화: 평화다원 061-863-2974).

산책 코스 및 소요시간
상선약수마을 입구 가로수길 → 백일홍 군락지 → 대나무 산책길 → 편백나무 삼림욕장 → 평화다원

장흥에서 상선약수마을까지 1~2km 정도 거리를 걸어 상선약수마을 입구에 다다른 후 대나무숲길, 편백나무숲을 돌아보고 다시 마을로 내려오는 데까지 40분 정도면 된다. 숲속의 휴식까지 생각한다면 대략 1시간 정도 걸린다. 마을 앞 작은 연못과 연못 주변 고즈넉한 풍경, 마을 입구 옆 작은 저수지 풍경 등을 즐기려면 20분 정도는 더 할애해야 한다.

Part 04

겨울길

하얗게 눈덮힌 환상적인 길

01. 경북 안동 낙동강 퇴계오솔길
02. 경북 안강 양동마을 돌담길
03. 경북 영주 수도리 물도리동
04. 강원도 횡계 대관령 양떼목장 눈꽃 트레킹
05. 강원도 고성 거진항 항구길
06. 강원도 영월 청령포 섬길
07. 전남 순천 송광사 광원암 편백숲, 대숲길
08. 부산시 해운대 달맞이고개~청사포 항구길
09. 부산시 해운대~부산항 바닷길

01.
경북 안동 낙동강 퇴계오솔길

퇴계의 발자국에 내 발을 얹어본다. 산기슭을 돌고 고개를 오르기도 했으며 물길을 옆에 두면서 걷기도 했다. 그날 퇴계는 무슨 생각을 하며 그 길을 걸었을까? 도산서원에서 낙동강을 거슬러 청량산까지 이어지는, 퇴계가 청량산에 있는 오산당으로 갈 때 지났다는 퇴계 오솔길의 백미는 농암종택에서 하류로 옹달샘까지 이어지는 1.1킬로미터 남짓한 강변길이다. 오랜 세월이 흐르면서 일부는 수몰되어 사라지고, 대부분은 자동차가 다닐 수 있게 포장되어 오솔길이 가진 운치를 잃었지만 이 길만은 오롯이 남아 있다.

·· 예던길 전망대에 서서

예던길 전망대 아래로 3킬로미터 정도 가면 조선의 학자 농암 이현보 종택이 나오는데 그곳에서 퇴계오솔길은 사실상 끝난다. 전망대에서 보이는 길은 숲으로 가려진 부분에서는 끊기기도 하며 실타래처럼 구불구불 이어진다. 첩첩 겹친 산 사이로 굽어 지나는 낙동강 줄기가 산의 기세에 눌려서인지 힘차게 흘러야 할 곳에서조차 얌전하다.

강 너머로 학이 날아든다는 학소대(鶴巢臺)가 보인다. 그곳엔 1960년대까지 천연기념물인 먹황새가 자리 잡고 있었지만, 삶의 터전인 바위가 무너진 오늘날에는 고개 너머에 자리 잡은 다른 마을로 옮겨갔다고 한다. 세월 탓에 대부분 길이 옛 모습을 잃었다고는 하지만 사서삼경을 옆구리에 낀 어린 퇴계가 어딘가에서 불쑥 나타날 것만 같아 길 위의 시선을 거두기가 쉽지 않다.

·· 퇴계 이황의 예던길 발자취를 따라

조선의 대학자 퇴계 이황의 발자취가 고스란히 살아 있는 경북 안동시 도산면은 경치 좋은 낙동강 상류에 위치해 있다. 퇴계종택에서 차를 달려 백운지 쪽으로 향하다 보면 이내 낙동강줄기와 만난다. 유유히 흐르는 낙동강과 접하는 길 끝에 예던길 전망대가 나온다. 그 주변에는 그 흔한 정자 하나도 없이 퇴계의 시가 새겨진 돌비석만이 덩그렇게 남아 있다.

> 천년을 두고 물살을 받으나 어찌 삭아 없어짐이 있겠는가
> 물결 가운데 우뚝 서 있으니 그 기세 씩씩함을 다투는 듯
> 사람들의 발자취란 꼭 물에 뜬 부평초 줄기 같으니

다리를 굳게 세움 누가 능히 이 가운데 있음만 하리오

— 퇴계 이황, '경암'

　퇴계는 열 살이 갓 넘은 나이에 숙부인 송재 이우에게서 학문을 배우기 위해 퇴계태실(退溪胎室)에서 청량산까지 먼 길을 떠났다. 어린 퇴계는 길 곳곳에 자리한 나무며 바위 등과 이야기를 나누면서 오십 리에 달하는 고된 여정을 견뎠을 것이다.

　농암종택을 지키고 있는 농암 이현보 선생의 17대 종손 이성원이 이 길을 가리켜 퇴계가 지났던 길이라 하여 '가다'의 예스러운 표현인 '예다'에서 '예던 길'이라 이름 붙였다. 봄이면 굽이굽이 여울지는 낙동강을 거슬러 산자락마다 아련한 꽃불이 번진 풍경을 바라보며 걷노라면 흡사 꿈길을 걷는 듯했으리라. 아마 그 옛날 퇴계의 감흥과도 다르지 않을 듯하다. 퇴계는 이 길에서 바라보던 풍경을 '그림 속' 같다 했고, 이 길을 지나는 것을 '그림 속으로 들어간다'고 했다. 짧아서 더 꿈결 같던 길, 봄빛 흐드러진 예던길의 고요한 모습이 마음속으로 들어왔다.

예던길의 강변 풍경.

옹달샘 부근에 서면 멀리 청량산 능선이 보인다.

겨울길

퇴계의 발자국에 내 발을 얹어본다. 산기슭을 돌고 고개를 오르기도 했으며 물길을 옆에 두면서 걷기도 했다. 그날 퇴계는 무슨 생각을 하며 이 길을 걸었을까? 도산서원에서 낙동강을 거슬러 청량산까지 이어지는, 퇴계가 청량산에 있는 오산당(지금의 청량사 아래 자리한 청량정사)으로 갈 때 지났다는 퇴계오솔길의 백미는 농암종택에서 하류로 옹달샘까지 이어지는 1.1킬로미터 남짓한 강변길이다. 오랜 세월이 흐르면서 일부는 수몰되어 사라지고, 대부분은 자동차가 다닐 수 있게 포장되어 오솔길이 가진 운치를 잃었지만 이 길만은 오롯이 남아 있다.

농암종택

청량산에서 수학(受學)한 퇴계는 세상에 출사표를 던지고 한양길에 오른다. 그렇게 젊은 시절을 보낸 퇴계는 하늘의 뜻을 안다는 지천명의 나이를 넘어서자 다시 고향으로 돌아와서 유생을 가르치며 학덕을 쌓았다.

지금도 그곳에 가면 토계마을이 있는데 퇴계는 처음에는 그곳에 서당을 짓고 학문을 가르치다가 나중에 그 유명한 도산서당을 세워서 후학양성에 더욱 힘쓴다. 오늘날의 도산서원은 퇴계 생전에 완성된 것이 아니고 퇴계가 죽은 후

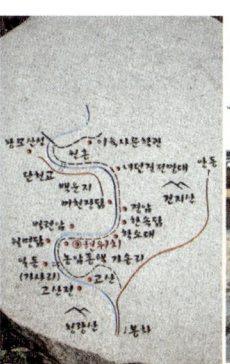

퇴계종택.

농암종택.

긍구당은 600년 역사를 가진 농암종택의 보물이다.

에 하나둘씩 건물이 늘어나서 이루어진 것이다.

　아름다운 청량산 자락 아래에서 반듯하게 잘 가꾸어지고 있는 농암종택에 도착했다. 집 아래쪽으로 흐르는 강바람에 어수선할 법도 한데 햇볕이 아늑하게 고인 마당이 의외로 조요히 나를 맞이한다.

　문을 들어서자 왼쪽으로 큰 집이 보이고 정면에는 한눈에 별채임을 알아볼 수 있을 만큼 운치 있게 지어진 긍구당이 있다. 긍구당은 규모는 작지만 문중에서 벌어지는 크고 작은 일이 이곳에서 다뤄졌다고 할 만큼 농암종택을 대표하는 건물이다.

　농암종택은 원래 고려시대 지어진 것을 새롭게 중건한 것이라서 처음에 지

농암종택 안의 별당. 고려시대에 지어진 곳으로 농암 이현보가 중건하고 손님들을 맞이하는 곳으로 사용했다.

농암종택 앞 넓은 개울. 물이끼가 낀 강이 세월을 말해준다.

었을 때와는 건물배치가 달라졌지만 강바람 맞이하는 곳에 자리잡은 궁구당만큼은 왠지 처음부터 이곳에 있었던 것만 같다. 멀리서 올라오는 비릿한 강 냄새가 익숙하게 궁구당을 감싸고 돌아나간다.

·· 학소대

강가로 내려서서 조용히 걸음을 옮겼다. 군데군데 물이끼가 낀 강은 전망대에서 바라봤을 때 생각했던 것보다 폭이 더 넓다. 그래서인지 퇴계가 걸었던 그 길은 쉽게 찾을 수 없었다. 강가 모래밭을 따라 걷다가 물 건너 저쪽은 아닐까 고개를 빼고 찾아봐도 길은 눈에 띄지 않고 숲이 있는 곳으로 발길을 돌려 서성거렸지만 마른풀에 붙은 먼지만 풀풀 날릴 뿐이다. 물가 산기슭 숲으로 들어가려는데 풀포기 사이에 작은 바윗돌이 반짝거렸다. 퇴계오솔길의 시작을 알리는 표지석이다. 퇴계오솔길의 위치와 경치 좋은 몇몇 곳의 명칭이 새겨져 있다.

오솔길은 간혹 풀에 가려 길이 없어진 곳도 있었지만 걸을 만했다. 먹황새가 살았다는 학소대 표지석이 나온다. 퇴계도 여기에서 학을 보았을까? 아까 전망대에서 나 또한 새 한 마리를 보았으니 학소대는 오백 년 세월이 흘렀어도 여전한 모양이다. 갑자기 푸드덕 바위를 차고 날아오르는 새하얀 한 마리 학을 본 듯한 착각이 인다.

주변 여행지 안동하회마을, 도산서원, 이육사 문학관

가는 길 **내비게이션 검색_** 경상북도 안동시 도산면 가송리

자 가 용
- 퇴계종택_ 중앙고속도로 → 서안동IC → 35번 국도 → 봉화 방면 → 도산서원 → 도산서원 주차장 → 2km 정도에 퇴계종택 → 이육사 문학관 → 백운지 방면으로 좌회전 → 다리 지나 직진 → 퇴계오솔길 전망대
- 농암종택_ 35번 국도 봉화 방면 → 도산면사무소에서 35번 국도 직진 → 농암종택, 고산정, 분강촌(농암 이현보 유적지) 등의 이정표 → 농암종택

대중교통
- 안동버스터미널 옆 교보생명 앞 → 가송·청량산 방면 67번 버스(하루에 네 대) → 가송리 마을 입구 하차 → 30~40분 정도 도보(버스를 타고 온내리에 내려서 택시를 타는 방법도 있다. 택시비는 약 1만 원 정도)

걷기여행 100배 즐기기
- 예던길 전망대에서 농암종택까지 약 3km 정도 이어지는 퇴계오솔길을 걸을 수 있다.
- 도산서원과 이육사 문학관을 지나 백운지에서 시작해 건지산 숲속으로 이어지는 퇴계오솔길 수림생태 탐방로와는 다른 길이니 주의할 것. 수변탐방로는 예던길로 이어지지만 사유지여서 통행이 불가능하다.
- 예던길 전망대에서 농암종택까지 옛길을 걷는다. 만약 차를 가져갔다면 예던길 전망대에 차를 세우고 농암종택까지 걸어갔다가 그 길을 되돌아 나와 다시 차를 타고 이동하든지 예던길 전망대에서 일부구간은 걷고 다시 나와 농암종택까지 간 뒤에 거기서 다시 일부구간을 걸으면 된다.

산책 코스 및 소요시간 퇴계종택 → 예던길 전망대 → 퇴계오솔길 → 농암종택 → 학소대

02. 경북 안강 양동마을 돌담길

내가 경주 북부에 있는 조그마한 안강을 찾은 이유는 오로지 양동마을 때문이다. 경주의 안계저수지 아래 자리한 양동마을은 안동 하회마을에 비견될 만한 조선시대의 전형적인 양반마을로 1984년 마을 전체가 국가지정 문화재로 지정됐다. 그야말로 어른에게는 향수를 불러일으키고, 아이들에게는 생생한 교육현장이 될 법하다.

·· 시간도 멈춰버린 조선의 선비촌, 경주 양동마을

경주 시내에서 버스를 타고 양동에 내려서 약 20분 정도 걸으니 설창산 능선을 따라 자리 잡고 있는 경주 양동 민속마을이 수줍게 모습을 드러낸다. 마을 입구에서 안내책자를 받고 양동마을에 들어서니 전면에 설창산이 보인다. 고작해야 해발 163센티미터의 산이어서 한달음에 올라갈 수 있다. 웅장한 멋을 풍기는 저택 같은 기와집들과 소박하고 푸근한 느낌을 주는 정겨운 초가집들이 어우러져 설창산의 풍경과 제법 잘 어울린다.

양동마을은 이 설창산에서 뻗어나온 줄기와 계곡에 있었다. 마을 중앙에는 양동천이 흐른다. 마을 입구 주차장 앞에 기와집을 개조해 만든 마을정보센터가 바로 보인다. 그 앞에서 양동마을을 바라보니 마치 사극의 한 장면처럼 옛날 모습이 고스란히 살아 있다. 조선초기부터 말기까지의 다양한 전통가옥을 한 곳에서 볼 수 있다.

양동마을 곳곳에 나 있는 길에는 돌담길과 초가 기와집이 줄줄이 자리하고 있었다. 그 모습이 제주의 올레길 못지않다. 좁다면 좁은 마을이지만 양동마을은 수많은 길과 다양한 삶의 모습을 가지고 있었다. 길목길목마다 예상치 못한

새로운 장면을 보게 되는 것은 멋진 일이다.

·· 끊어질 듯 끊어질 듯 이어지는 과거로의 여행길

경주 북부에 있는 조그마한 안강을 찾은 이유는 오로지 양동마을 때문이다. 경주의 안계저수지 아래 자리한 양동마을은 안동 하회마을에 비견될 만한 조선시대의 전형적인 양반마을로 1984년 마을 전체가 국가지정 문화재로 지정됐다. 그야말로 어른에게는 향수를 불러일으키고, 아이들에게는 생생한 교육현장이 될 법하다.

경주 손 씨와 여강 이 씨 종가가 오백 여 년 동안 전통을 잇고 있다. 마을이 한창 번성 했을 때는 300여 가구가 살고 있었는데 지금은 140여 가구만 남았다. 밥때가 되면 마을 곳곳에서 밥 짓는 연기가 피어오른다. 언덕에 올라 마을을 한 눈에 내려 보고 있으면 마음이 순해진다.

양동마을은 조선시대의 마을 형태를 고스란히 간직하고 있다. 산등성이와 골짜기에 집들이 들어 앉아 마을이 한눈에 들어오지 않는다. 골목골목마다 직접 거닐며 언덕을 오르고 능선을 지나야 마을의 진면목을 볼 수 있다.

흙길을 따라 걷고 있으면 조선시대로 시간여행을 떠나온 듯한 기분이 든다. 돌담이며 골목길, 옛집, 돌담 안 감나무 등 옛 마을의 정서가 고스란히 전해진다. 이끼 앉은 기와집 앞마당 고목이 몸을 비틀어 집을 감싸 안았다. 회재 이언적의 동생 농재 이언괄의 효심을 받들어 지은 심수정이다. 벼슬길에 오른 형을 대신해 농재는 어머니를 극진히 모셨다고 한다. 지금 남아 있는 건물은 1917년 경에 지어진 것이며 양동마을 정자 중 가장 규모가 크다.

돌담과 흙길이 남아 있는 양동마을은
한나절 돌아보며 산책을 즐기기에 좋다.

회재 이언적 선생이 경상도 관찰사로 있을 때 중종 임금이 지어준 집 '향단'은 보물 제412호다. 당시는 99칸의 집이었으나 한국전쟁 때 일부가 소실되고 지금은 56칸만 남았다고 전 한다. 이 밖에도 양동마을 안에는 수운정, 영운정, 대성헌 등 돌아볼 곳이 꽤 있다. 낮은 언덕의 능선을 오르내리며 옛 마을을 걷는 기분을 어디에서 느껴보겠는가.

　양반들의 집은 주로 높은 지대에 위치하고 낮은 지대의 하인주택이 양반가옥을 에워싸는 형태로 돼 있다. 마을의 규모, 보존상태, 유·무형 문화재, 아름다운 자연환경 등으로 볼거리가 많아 1992년 방한한 영국의 찰스 황태자도 이곳을 방문했다고 한다. 마을로 들어서니 타지에서 온 관광버스와 잘 닦인 도로만 빼고는 논밭과 집들이 옛 모습 그대로다.

　마을은 영락없이 자그마한 한촌(閑村)이지만 마을을 파고들수록 길은 이어질 듯 끊어지고 끊어질 듯 이어지는 것이 끊임없다. 고택은 골에 숨어 있듯 둘러싸여 좀처럼 실체를 드러내지 않는다. 능선을 지나면 집이 있고 길이 끊어질 듯한 곳에 정자가 있고 서당이 있다. 기와집과 초가가 옹기종기 모여 있는가 하면 숲이 우거진 언덕 너머에는 집이 있는지조차 알 수 없어 마을의 규모를 짐작하기가 쉽지 않다. 부드럽게 밟히는 흙길을 따라 마을을 천천히 둘러보다 보면 어느새 과거로 시간여행을 온 듯한 느낌이 절로 든다.

·· 관가정, 서백당

　양동마을의 가옥과 정원은 자연친화적이다. 이곳의 반가(班家)는 주로 언덕 위에 있고, 담장이 얕다. 집 주위의 모든 풍경을 아침에 빌려 저녁에 돌려보내기 때문이다.

마을 초입에 있는 관가정은 양동마을 안골 중심에 자리잡은 대가옥으로 보물 제442호이다. 이 마을의 입항조라 불리는 손소공이 선조 15년(1454)에 지은 월성 손씨 종가집이다. 일부 서까래만 바꾼 채 552년째 후손이 살고 있다. 격식이 있지만 간결하고, 규범적이지만 개성이 돋보이는 고택이다. 양동마을 안골에 자리잡은 서백당의 당호인 서백은 '하루에 참을 인(忍)자를 백번 쓴다'는 뜻이다. 사랑채 앞 향나무 수령도 500년이 넘는다.

양동마을에는 이런 이름 있는 정자 말고도 초가와 기와를 얹은 전통양식의 한옥집이 백여 채가 넘는다. 밥 때가 되면 마을 곳곳의 기와지붕 너머로 밥 짓는 연기가 피어오르는데 언덕에 올라 그 풍경을 내려다보노라면 도시의 각박함에 치인 마음이 점차 순해지는 것을 느낀다. 마을 끝까지 걸으니 양동 초등학교와 교회 지붕이 조그맣게 보인다.

그렇게 옛 조선으로의 여행길에 심취해 있다가 어느 집 앞에서 걸음을 멈춘다. 초가집 마루에서 메주가 가득히 놓여 있고 처마 아래 햇살 드는 곳에 옥수수가 매달려 있다. 툇마루 아래 강아지가 사람 발걸음에 놀라기는커녕 슬쩍 눈을 맞춘 뒤 게으른 하품만 해댄다. 가마솥 걸어 놓은 아궁이에서 장작불이 타고 있기에 언 손을 녹이려 불 곁으로 슬그머니 다가갔다. 주인아저씨와 눈이 마주쳐 눈인사를 하니 더 따뜻한 곳으로 가까이 들어오라 하신다. 햇볕을 타고 하늘로 오르는 연기가 아스라하다.

겨울길

빈터만 있으면 아이들은 심심하지 않다.

| 주변 여행지 | 옥산서원, 동강서원, 칠포 해수욕장 |

가는 길

내비게이션 검색_ 경상북도 경주시 강동면 양동리

자가용
- 익산포항고속도로 → 포항 종점 출구 → 28번국도 경주 방면 우측방향 → 7번국도 경주 우측방향 → 28번국도 대구 방면 → 인동대교 지나서 양동마을 우회전 → 양동마을

대중교통
- 경주터미널이나 경주역 → 200, 202, 203, 205, 206, 207, 208, 212번 시내버스 → 양동마을 입구 하차(1km 정도 걸어야 함)

걷기여행 100배 즐기기
- 마을에 오르막도 있고 면적이 꽤 넓으니 마을 입구에서 안내책자를 받고 들어가는 것이 좋다. 안내책자에서 소개하는 명소별로, 코스별로 관람하면 이동 동선도 줄일 수 있고 관람이 훨씬 용이하다.
- 마을 구석구석 돌아보려면 두세 시간 정도 걸리니 편안한 옷과 신발을 준비하는 것이 좋다.
- 양동마을 내에 음식점이 몇 곳 있다.

산책 코스 및 소요시간

양동마을 골목골목

양동마을 구석구석 돌아보려면 마을이 길게 형성되어 있어 모두 돌아보려면 상당한 시간이 필요하다. 두세 시간 정도는 잡아야 한다. 볼 것도, 먹을 것도 많다. 마을 안의 한옥에서 숙박을 하면 창호지 문틈으로 새어드는 새벽빛도 볼 수 있다.

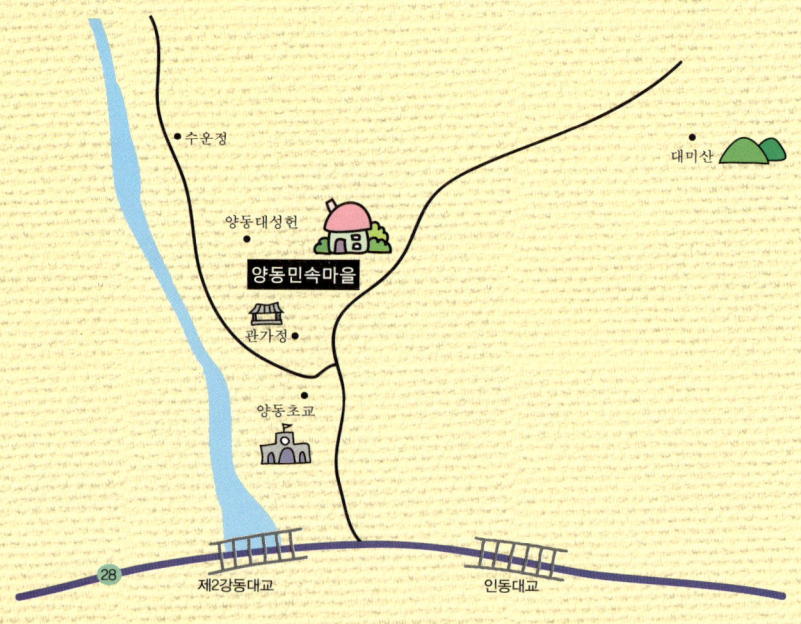

03. 경북 영주 수도리 물도리동

계절의 이치가 예나 지금이나 변함없으니 사람도 자연의 하나라면 인생사 또한 마찬가지리라. 지금은 겨울의 진정한 의미를 생각해야 할 때이다. 지금은 화려한 지난날들에 대한 미련을 버리고 침묵할 때 오래된 나무에 돋는 연둣빛 새순이 꽃보다 아름답고 강철보다 더 강하게 보이는 이유를 생각해 볼 일이다.

·· 육지 속의 섬, 수도리 물도리동

경북 영주시 문수면 수동리 물도리동은 '물 위에 떠 있는 섬'이다. 내성천이 크게 물도리를 이루며 돌아나가는 형태나 마을의 고풍스러운 분위기와 고택들 때문에 작은 화회마을을 연상케 한다. 강변에는 넓은 백사장이 펼쳐져 있고, 강 건너편으로는 울창한 숲이 있어 경관도 빼어나다.

이 마을에는 해우당(민속자료 제92호)과 만죽재(민속자료 제93호)를 비롯하여 문화재자료로 지정된 고택들이 즐비해 아름다운 고향 마을을 찾아온 듯한 느낌을 준다. 300년 전 마을이 아직까지 남아 있는 것이다.

처음 수도리의 존재를 알게 된 것은 2년 전 신문지면을 통해서였다. 가을걷이 하는 시골 풍경을 배경으로 밭고랑 같은 주름이 잔뜩 파인 할머니의 웃음이 담긴 한 장의 사진은 가을과 만족 혹은 고향과 행복이 의미를 말해주고 있었다. 그 모든 것들이 내 마음을 사로잡았다.

힘차게 내리뻗고 있는 소백산의 억센 근육에 잔뜩 불거진 핏줄 같은 산줄기가 수도리 근방에서 골과 산을 만들며 버티고 서 있다. 형체 없는 먼 산에서 시작된 파도 같은 산줄기는 눈앞에 와서야 당당한 자태를 드러낸다. 상록수 사이로 비치는 찬란한 햇빛을 받으니 소백산이 동양화 여백처럼 공중에 떠 있는 것도 같다. 이런 풍경을 지나 영주에 도착했다. 수도리는 영주에서도 6킬로미터는 더 들어가야 한다.

·· 낙동강 줄기를 따라

굽이굽이 돌아흐르는 강을 감싸안은 자연의 정겨움이 가득한 수도리는 아름다운 자연과 고가(古家)가 그대로 보존된 전통마을이다. 수도리는 이름 그대로 내성천이 마을의 삼면을 감싸안고 흐르고 있으며 그 가운데 섬처럼 떠 있다.

수도리 마을을 걷는 것은 300년 전으로 타임머신을 타고 돌아가는 것과 같다. 옛 마을 구석구석을 돌아다니다 보면 마음이 따뜻해진다. 수도리는 햇살 그윽해지는 오후가 가장 아름답다.

넉넉한 햇살을 머금은 오래된 둥지 같은 수도리로 들어가면 젊은 사람은 모두 외지로 떠나고 옛날 사람들만이 남아 있다. 근처 마을인 시오리만 나가도 최첨단의 도시 문명이 판을 치지만 아직도 수도리는 자연과 편안한 동거를 즐길 뿐이다. 바깥세상과 수도리를 연결하는 유일한 길은 20여 년 전에 놓인 낡은 다리 하나뿐이다. 그 다리를 건너는 순간 문명의 때는 멀리 떨어져나가고 순수의 시대로 들어간다.

피라미 떼가 일제히 물위로 뛰어올랐다가 사라지는 것처럼 여울지는 물결마다 햇살이 부서져 눈이 시리다. 다리 건너 둑에 올라 주변을 살펴보니 낮은 강은 더 낮게 흐르며 마을을 감싸고 있고, 그 뒤에 자리 잡은 산줄기가 그 강을 호위하고 달리는 것 같다.

·· 수도리 사람들

동네 곳곳에 경운기를 손질하는 아저씨나 텃밭에서 허리를 구부리고 일하는 할머니들은 낯선 사람을 전혀 경계하지 않는 눈치다. 텃밭에 나온 할머니에게 인사를 건네니 마른 숨을 몰아쉬며 어찌 왔냐고 물으신다. 평생 땅에 의지하고 흙을 일구며 살아온 할머니에게 세월이 남긴 것은 더 이상 펴지지 않는 굽은 허리뿐인 것 같아 가슴 한구석이 아려온다.

할머니는 일 년에 두어 번 찾아오는 손자들에게 맛있는 간식을 먹이겠다는

마음으로 다해야 50평 남짓한 텃밭에다 감자를 키우고 계신다. 할머니를 따라 집안으로 들어서니 기둥이 다 보이는 대청마루 천장에서 서늘한 기운이 내려온다. 못질 하나 없이 홈을 파서 끼워 맞춘 마루는 밟을 때마다 할머니의 뼈마디같이 삐걱 소리를 내지만, 그래도 주저앉은 곳 없이 튼튼하게 집채를 받치고 있다. 세월의 때에 절어 시커멓게 된 바닥에서는 반들반들 윤이 난다.

마실 나온 옆집 아주머니의 초대를 받아 그 집으로 다시 발걸음을 옮겼다. 아주머니는 저녁 준비를 하려는지 신문지로 불쏘시개를 만들더니 잔나뭇가지를 꺾어 가마솥 아궁이에 불을 지핀다. 아침, 점심, 저녁으로 매번 불을 지펴야 방안의 온기가 가시지 않는다고 한다. 부엌 아궁이와 천장에는 세월만큼의 연기와 그을음이 덕지덕지 시커멓게 붙어 있다. 이네들의 삶은 지난 세월 이렇게 이어졌고 앞으로도 변하지 않을 것이다.

  병환으로 누워 있는 시어머니 수발은 이제 일상이 되었단다. 성치 않은 몸을 챙기려면 고될 법도 한데, 신주단지를 잘 모셔서 시어머니가 더 오래 사실 수 있게 하고 싶다고 말한다. 그러고 보니 대청마루 양지 바른 곳에 잘 모셔놓은 단지 하나가 보인다. 질그릇 옹기에 초벌구이로 만든 단지가 햇빛을 받아 은은한 빛을 낸다. 요즘도 매년 한 번씩 서까래에 단지를 모시고 가을걷이 때 제일 먼저 거둔 쌀로 정성스레 제(祭)를 올린다. 제사를 지내야 일 년 내내 집안이 평안하고 번성한다는 것을 이 아주머니뿐만이 아니라 대부분의 마을사람들도 믿고 있다.

  수도리에는 논과 밭이 없다. 집 앞 빈터나 텃밭 말고는 다리를 건너 마을 밖으로 나가야 논이며 밭이 나온다. 마을 안에서는 그저 먹고 살 정도의 농사를 지을 뿐이다. 어디 갖다 내다 팔거나 돈을 벌려는 목적이 아니라 먹고 살기 위해 매년 씨를 심고 곡식을 가꾸는 것이다. 흉년이 들면 그만큼 아쉽고 풍년이면 타지에 나가 사는 아들딸들에게 보내준다. 소를 치던 외양간과 헛간에는 박물관에나 가야 볼 수 있는 농기구들이 여전히 자리를 차지하고 있다. 쓰지 못해 버려둔 것이 아니라 실제로 사용하고 있는 것들이다. 뒷마당의 헛간에 들어 있는 디딜방아를 가지고 동네 사람들은 고추도 빻고 곡식도 찧는다. 쇠로 된 기계로 가루를 만들어 먹는 것보다 훨씬 더 맛이 난단다. 집집마다 아궁이에 불이 타올라 연기가 동네에 자욱하다. 연기 사이로 겨울 햇살이 집안 곳곳을 비춘다.

부석사의 '뜬돌' 수도리에는 옛것들이 생활 속에 쓰이고 있다.

·· **내성천 백사장**

　수도리를 만들고 사람이 모여 살게 한 것이 내성천이다. 낙동강으로 흘러 들어가는 물길이 굽이쳐 흐른다. 강폭보다 넓은 백사장에 고운 모래가 반짝반짝 펼쳐져 있다.

　지금처럼 넓은 다리가 놓이기 전에는 외나무다리가 있어서 마을 사람들은 그것을 딛고 세상 밖으로 오갔다고 한다. 강이 깊지 않고 물살이 빠르지 않기 때문에 날씨가 따듯해지면 그대로 강물을 가로질러 다니기도 했단다.

　여름이면 백사장에 텐트를 치고 며칠씩 놀다가는 사람들도 있는데, 아직 많이 알려지지 않았고 차가 없으면 찾아오기 힘들어서인지 외지사람 때문에 고생하는 일은 없다고 한다. 덕분에 물도 깨끗해서 아이들과 함께 오면 좋겠다는 생각이 든다. 마을을 돌아보며 옛날에는 누구나 이렇게 살았다는 것을 직접 보여주며 이야기 나누고 싶다.

　고향에 대한 그리움을 지니고 있는 많은 사람에게 내성천이 굽이치는 수도리를 찾아서 진솔한 삶의 향기를 맡아보라고 권하고 싶다.

주변 여행지 부석사, 안동호, 도산서원, 예천온천, 석송령

가는 길
내비게이션 검색_ 경상북도 영주시 문수면 수도리
자 가 용
- 중앙고속도로 → 풍기IC → 5번 국도 → 영주·안동 방면 → 영주 시내 → 수도리 마을

대중교통
- 동서울버스터미널 → 영주행 버스
- 영주버스터미널 부근 드림마트 앞 → 3번 버스 → 시내버스터미널 → 수도리 가는 버스 → 수도리에서 가장 가까운 정류장에 하차

걷기여행 100배 즐기기
- 내성천 백사장 산책도 잊지 말자. 햇살이 주황빛으로 퍼지는 오후에 마을을 휘감고 흐르는 강을 바라보고 있으면 마음이 푸근해진다.
- 수도리에는 숙박시설과 음식점이 없다. 영주 시내의 숙박시설과 음식점을 이용해야 한다.

산책 코스 및 소요시간
수도리 마을 → 내성천 백사장

마을을 한 바퀴 쭉 돌아보려면 30~40분이면 적당하지만, 마을 내력과 사람들에 대해 생각할 시간을 가지려거든 조금 더 넉넉히 잡는 것이 좋겠다.

04.
강원도 횡계 대관령 양떼목장 눈꽃 트레킹

온통 하얗게 덮인 눈 세상인 목장 풍경은 기대했던 것보다 훨씬 아름답다. 목장 내 조성된 산책로를 따라 한 시간 정도 가볍게 눈꽃 트레킹을 즐겼다. 겨울이라 방목하는 양떼들은 볼 수 없지만 건초먹이주기 체험으로 양들을 보다 가까이서 관찰할 수 있다.

·· 눈꽃으로 하얗게 뒤덮힌 순백의 설원 속에서

동해를 출발할 때 내리던 비가 태백준령에 이르니 눈으로 바뀌었다. 눈 내린 숲을 얼마 만에 보는 것인가. 그동안 몇 번의 겨울 여행길에 오르면서 한 번쯤은 눈을 만나겠지 생각했는데, 그게 바로 오늘이다. 적당한 곳에 차를 세우고 눈 쌓인 덕장 구경을 할 생각에 횡계IC로 나와서 시내로 들어갔다.

눈 밭 위의 강아지는 이리 뛰고 저리 뛰고 어쩔 줄 모르며 좋아하다가도 카메라만 들이대면 돌 위에 엎어놓은 고무통 안으로 숨어든다. 주인아주머니가 문 앞 눈을 쓸 때도 딴청을 부리며 게으른 시선을 다른 곳으로 돌린다. 그림같이 한가로운 시골의 겨울풍경이 그곳에 있다.

주인아저씨의 허락을 얻고 황태덕장 이곳저곳을 돌아다니며 눈이 얼고 녹는 사이에 제 맛을 만들어 가는 황태를 구경했다. 덕장으로 가는 길목부터 이미 눈 맞은 황태의 진한 냄새가 솔솔 풍겨온다. 이렇게 눈 맞고 얼고 녹아야 진한 맛을 품게 된다는 것을 사람들이 알아낸 것이 신기하다. 얼고 녹는 그 경계를 몇 번이고 넘나들어야 제 향과 맛을 품게 되는 황태야말로 눈, 비 그리고 숲과 바다가 만들어낸 자연의 맛을 담고 있다는 생각이 들었다.

·· 옛 대관령휴게소에서 들어가는 대관령 양떼목장

대관령 옛길을 따라가니 양떼목장 이정표가 보인다. 산에 내린 눈이 그대로 남아 있는 것을 보고 목장 풍경이 예사롭지 않을 거라 기대했다.

온통 하얗게 덮인 눈세상인 목장 풍경은 기대했던 것보다 훨씬 아름답다. 양떼목장 언덕으로 올라가는 길에는 인적이 거의 드물다. 주차장부터 북적거리는 사람 때문에 풍경의 여유로움을 만끽하지 못할까 걱정했는데 다행히 대부분이 저 높은 동산 꼭대기까지 올라갈 생각을 하지 않고 있는 듯 보인다.

목장 내 조성된 산책로를 따라 1시간 정도 가볍게 눈꽃길을 걸었다. 겨울이라 비록 방목하는 양떼들은 볼 수 없지만 건초먹이주기 체험으로 양들을 보다 가까이서 관찰할 수 있다. 축사 안에서 양들에게 건초를 직접 먹이는 관광객들의 모습이 보인다. 발그레한 속살에 게슴츠레한 눈을 가진 양은 볼수록 귀여웠지만 그보다는 건초를 건네는 아이들의 모습에 더 정이 간다. 건초를 먹기 위해 다가서는 양이 무서웠는지 울음을 터뜨린 한 아이를 보고 어른들이 웃는다. 대부분의 사람들이 축사 주변에 몰려 있는데 몇몇 사람들이 동산으로 난 길을 따라 산으로 오르는 것을 보고 나도 발걸음을 옮겼다.

길옆 쪽의 하얀 눈밭을 보니 나무에 매여 있는 그네를 타기 위해 아이들이 줄을 서서 기다리고 있다. 겨울바람도 흩날리는 눈발도 그네를 타는 아이들에게 전혀 문제가 되지 않는다. 볼이 빨개지도록 그네에서 내릴 줄 모르는 꼬마에게 "다음 사람에게 양보하라"고 말을 건네니 꼬마는 줄 서 있는 다른 아이들을 바라보고는 금세 그네를 양보한다. 웃으며 양보할 줄 알고 설레는 표정으로 기꺼이 기다려주는 아이들의 마음 또한 눈 못지않게 새하얗다.

겨울길

·· 아무도 가지 않은 길

설경이 아름다운 양떼 목장길을 따라 언덕을 오르내리면서 아무도 밟지 않은 하얀 눈밭을 바라보며 걸었다. 목장 이곳저곳을 걸으며 다양한 풍경을 마음에 간직했다.

계속해서 사람이 많이 다니지 않는 길을 골라 동산을 올랐다. 언덕 아래 눈밭에는 마른 풀이 바람에 서걱거리며 흔들린다. 조금 올라가니 또다시 사람이 한 번도 발을 들여놓지 않은 눈밭이 나왔다. 양들을 다루기 위해 놓은 것으로 보이는 철책이 설치된 곳이라 사람이 드나들지 못한 모양이다. 철책 넘어 눈밭에 들어가 발자국을 찍으며 아무도 가지 않은 길을 처음 걷고 싶었는데 자세히 보니 태극 모양으로 굽어진 철망을 따라 발자국이 이미 찍혀 있다. 누군가 나와 같은 마음으로 철망을 따라 더 깊은 산으로 올라갔나보다.

눈 쌓인 언덕과 철망 사이로 윤곽이 흐려진 나무들이 여유 있는 겨울풍경을 만든다. 나는 그곳에서 한참 서 있었다. 반대편 언덕 위 사람들이 개미 같이 작게 보인다. 흩날리는 눈발과 눈발을 머금은 바람이 내지르는 소리만이 내 귀를 스친다. 맞은편 사람들에게서 나오는 어떤 인공의 소리도 들리지 않는다.

지금 이곳은 작은 구릉과 언덕이지만 목장의 풍경이 끝나는 경계선 너머에 준엄한 겨울산이 자리 잡고 있을 것이다. 어린 시절 무릎까지 차오르는 눈밭을 누비며 뛰어놀던 동네 뒷산에서 느꼈던 첫눈의 서늘한 기운을 닮은 바람이 지금 내가 올라서 있는 언덕으로 불어간다. 이대로 눈밭에 누워서 잠들고 싶다. 그러다 깨면 첫눈 내린 뒷동산을 뛰어다니는 어린 시절로 돌아가 있을 것만 같다.

겨울길

주변 여행지	삼양대관령목장

가는 길

내비게이션 검색_ 강원도 평창군 도암면 횡계3리 14-104
자가용
- 영동고속도로 → 횡계IC → 횡계 방면 우회전 → 고속도로 고가차도 지나 좌회전 → 양떼목장 이정표 (횡계IC에서 양떼목장까지 8km 정도 걸린다).

대중교통
- 동서울버스터미널 → 횡계까지 버스 → 횡계에서 목장까지 택시 이용(택시비는 대략 7,000원 정도)

걷기여행 100배 즐기기

- 양떼목장 문의전화: 033-335-1966 / 입장료: 어른 3,000원, 군인·학생 2,500원, 어린이 2,000원 / 양 건초 주기 체험료: 건초 이용료 3,000원 / 관람시간: 오전 9시부터 오후 5시까지(5~8월은 오후 6시까지)

산책 코스 및 소요시간

양떼목장

양떼목장을 한바퀴 둘러보는 데 1시간 정면 좋다. 중간에 잠시 앉거나 쉬엄쉬엄 돌아 보려면 2시간 정도 잡는 것이 좋다.

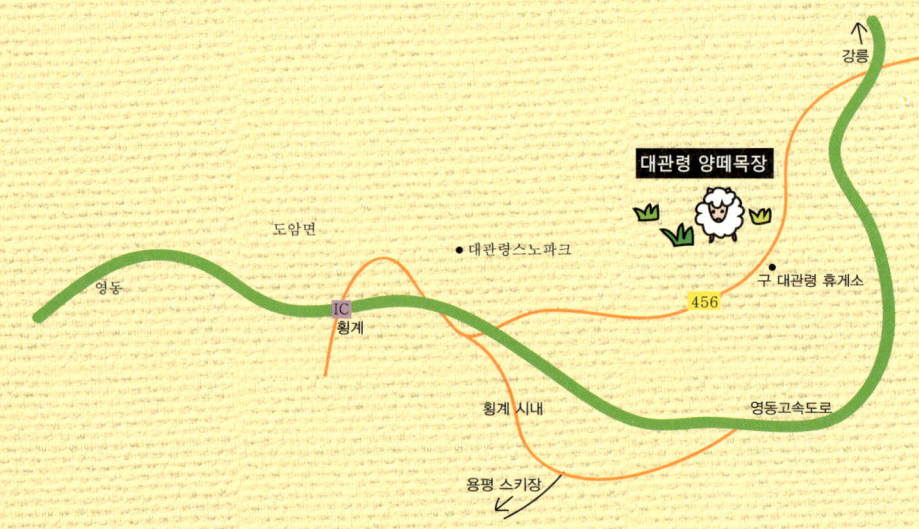

05. 강원도 고성 거진항 항구길

어판장에 일이 끝날 무렵 몸을 녹여 주던 장작불 더미 위에서 지글거리는 양미리 곁으로 뱃사람들이 모여든다. 새벽 바다를 헤치고 달려온 심장을 녹여줄 만큼 뜨거운 소주 한 잔을 곁들이면 그만이다. 강원도 북쪽 동해바다를 끼고 사는 사람들은 해마다 겨울이면 따듯한 아랫목에 앉아 보글거리는 양미리 김치찌개를 먹으며 행복한 웃음을 나누곤 했다.

·· 겨울의 문턱 그리고 거진항

　속초고속버스터미널 옆 시내버스 정류장에서 간성까지 가는 1번 시내버스를 10분 정도 기다려서 탔다. 시내를 벗어날 때쯤 한 아주머니가 스티로폼박스를 들고 차에 오른다. 친절한 버스기사가 넉넉한 웃음과 함께 그 박스 안에 든 것이 무엇인지 묻는다. 아주머니는 힘들게 자리에 앉으면서 대답한다.
　"양미리 샀어요."
　버스기사가 말을 잇는다.
　"나도 어저께 그거 사다가 집에서 김치 넣고 폴폴 끓여 먹었는데 맛있데요."
　잠시 말을 참더니 금세 다시 이야기를 꺼낸다.
　"그거 소금 뿌려가며 구워 먹으면 다른 반찬이 필요가 없지."
　거진항에 채 도착하기 전부터 양미리라는 말이 들리는 걸 보니 예나 지금이나 양미리는 이 지역 사람들의 식탁에서 빠지지 않는 음식재료인가보다. 차창으로 시선을 돌렸더니 '양미리축제'를 알리는 현수막이 거리에 걸려 있다.
　차가 마을마다 서고 달리며 어느새 간성에 도착했다. 거진항행 시내버스도 있다고 하지만 오래 기다려야 할 것 같아 택시를 탔더니 택시기사가 괜찮은 제안을 해온다. 대기비를 안 받을 테니 주변에 있는 화진포 호수며 김일성별장, 이승만별장 등지를 다 둘러보고 일정금액만 달라는 것이다. 버스를 타서는 해 지기 전까지 그 지역들을 다 돌아보지 못할 것 같아 그렇게 하기로 하고 여유 있게 거진항에 도착했다.

·· 바다를 모르고 사니 얼마나 행복하시것소

　한낮의 거진항은 이미 한 차례 일이 끝난 뒤다. 어부들은 항구 근처에 앉아 그물

겨울길

을 손질하고 있다. 항구에 뱃머리를 대고 나란히 서 있는 배들 사이로 바다에 앉아 있는 갈매기가 보인다.

햇살을 가득 안고 있는 거진항의 모습은 맑은 겨울하늘처럼 쨍했다. 하지만 항구의 모습을 보러 온 게 아니라 양미리를 찾아 왔기

노릇하게 익은 양미리는 짭잘한 소금간과 단백한 육질 맛 고소한 껍데기 맛이 어울린다.

때문에 서둘러 풍경 감상을 끝내고 길을 나섰다. 친절한 기사분이 이 집 저 집 문을 두드리며 양미리 먹을 수 있냐고 물어봐준다. 그 사이 나는 미련이 남아 있던 항구의 풍경을 눈과 사진기에 담는다. 점심시간이 지나서인지 대부분의 식당은 문을 닫았고 문을 연 식당들도 양미리구이는 안 한다고 한다.

그렇게 힘들게 찾아간 식당은 어판장 부근의 '거진어민 대기소'였다. 이 허름한 식당은 드나드는 사람들끼리 서로가 다 알고 지내는 동네사랑방 정도 되는 곳이었다. 하루 일을 일찍 마친 아저씨들이 그곳에 모여 낮술을 마시고 있

거진항 근처의 화진포호

다. 잘 알아듣지 못하는 사투리와 바닷사람들만의 말을 섞어가면서 목청 높여 이야기하고 웃는다. 대충 짐작에 어선의 빠르기며 고기 잡는 기술 등에 대해 이야기 나누는 것 같다.

깊은 주름에 검게 그을린 얼굴의 아저씨가 술을 몇 잔 들이키더니 자리를 털고 일어선다. 모두 따라 일어서며 공손히 인사를 하는 걸 보니 연세가 가장 많으신 분 같다. 나는 그 아저씨가 들려주는 '늙은 어부의 노래'가 궁금해서 뒤따라 나섰지만 아저씨는 벌써 사라지고 안 보인다. 아쉬운 마음을 남기고 다시 식당으로 돌아왔다.

미리 불을 피워놓은 번개탄에 불이 괄괄해졌다. 양미리에 굵은 소금을 쳐서 한 바가지 들고 나오는 아주머니에게 양미리가 다 익었는지, 아직 안 익었는지를 어떻게 알 수 있는지 물었더니 아주머니가 나에게 참 좋겠다며 인사를 건넨다. 뜬구름 같은 대답에 내가 답을 못하고 멀뚱히 쳐다만 보자 '바다를 모르고 사는 게 얼마나 좋으냐'는 말이 돌아온다. 가슴이 뜨끔했다. 이런저런 긴 말이 필요 없이 아줌마의 그 한 마디에 바닷사람의 애환이 그대로 겹쳐진다.

·· 거진항의 명물, 양미리

거진항 주변에서는 해마다 겨울이면 양미리를 엮어서 널어놓은 풍경을 볼 수

거진항 뱃사람들의 사랑방 겸 식당인 거진이면 대기소.   조업을 마치고 돌아온 어부의 삶인 애마들.

있다. 날이 추워져야 맛이 오르고 많이 잡히기 때문에 겨울바다에 나서야만 양미리를 잡을 수 있다. 칼바람이 뼛속까지 스미는 느낌 정도야 바다 위의 삶에서 아무것도 아니다.

어판장에 일이 끝날 무렵이 되면 몸을 녹여주던 장작불 더미 위에 팔고 남은 양미리가 올라간다. 지글거리는 양미리구이에 새벽 바다를 헤치고 달려온 심장도 녹여줄 만큼 뜨거운 소주 한 잔을 곁들인다. 다른 물고기보다 많이 잡히고 가격도 싸기 때문에 때로는 양동이째 놓고 구워먹기도 한단다.

마을의 집에서는 찬바람이 불기 시작하면 아랫목이 타도록 연탄불을 땐다. 그 연탄불 위에서도 양미리는 구워진다. 양미리가 많이 잡히는 철이면 고성, 속초 등에 사는 사람들은 집에서도 양미리에 김치를 넣고 찌개를 끓여 먹는다. 집집마다 김장김치가 익을 무렵이면 양미리 김치찌개가 밥상에 오른다. 옷깃 여미고 종종걸음으로 겨울 추위를 피해 집으로 들어서면 아랫목에 이불로 덮어두었던 온기 가득한 밥공기와 양미리 김치찌개에서 김이 모락모락 피어오른다.

강원도 북쪽 동해바다를 끼고 사는 사람들은 해마다 겨울이면 따뜻한 아랫목에 앉은 채 양미리가 들어간 찌개며 구이가 놓인 저녁밥상에 둘러앉아 희로애락을 나눈다. 그렇게 거진항은 양미리로 겨울을 녹이고 있다. 이렇게 양미리를 맛본 후 나는 택시기사의 제안대로 화진포를 향해 길을 나섰다.

| 주변 여행지 | 화진포의 성, 화진포기념관, 화진포해수욕장, 화진포호 |

가는 길

내비게이션 검색_ 강원도 고성군 거진읍

자가용
- 동해고속도로 → 현남IC → 7번국도 → 양양 → 고성 → 양양 → 속초 → 간성 → 거진항 → 화진포호

대중교통
- 화진포호 바로 앞까지 가는 대중교통편은 없다.
- 국도변(버스정류장)에서 걸어서 30여 분(1.7km) 걸린다. 속초시 설악산 입구에서 출발하여 고속버스터미널 부근 정류장을 거쳐 시내로 들어가는 1번이나 1-1번 버스를 타고 화진포해수욕장 입구(대진중고등학교)에서 내린다.
- 1번, 1-1번 버스가 거진항도 간다. 항구에서 가까운 정류장에 내려 달라고 하면 된다.

걷기여행 100배 즐기기
- 먹을거리들이 너무 넘쳐나서 무엇을 먹을지 행복한 고민을 하게 될지도 모르겠다. 싱싱한 생선회도 일품이지만 제철맞은 양미리 구이가 입맛을 돋운다.

산책 코스 및 소요시간

거진항 → 화진포해수욕장 → 화진포호 → 화진포기념관

거진항에서 화진포호까지 걷기에는 먼 거리다. 그러나 화진포의 성, 해수욕장, 화진포기념관등은 걸어서 다닐만한 거리에 몰려 있다. 화진포의 성을 둘러본 뒤 백사장 산책까지 하고 도로로 나오면 화진포호다. 호수를 구경하면서 주변으로 난 길을 걷다가 화진포기념관에 도착해 한 바퀴 돌아보는 데 걸리는 시간은 넉넉 잡아 2시간 정도면 되겠다.

06.
강원도 영월 청령포 섬길

단종의 애달픈 역사를 담고 있는 곳이지만 울창한 소나무숲과 청령포를 둘러싼 푸른 강은 한 폭의 그림이다. 경치를 눈으로 즐기고 사진기에 담느라 모두 정신이 없다. 나는 지금 낡은 배 한 척을 타고 600년 전의 시간 속으로 흘러들어 간다.

·· 단종의 깊은 탄식이 들리는 청령포

영월군 남면 남한강 상류에 위치한 청령포는 사면이 모두 세상과 단절되어 있다. 남한강 물줄기가 삼면을 에운 채 세상으로 나가는 길을 끊었고 남은 한 면마저 톱날 같은 육륙봉 수직 단애가 단호하게 막아서 있다. 배를 타면 2분 만에 들어갈 만큼 가까운데 물이 높아 배 없이는 오가기 힘들다. 배가 위태위태해 보여서 더럭 겁이 나기도 했지만 남한강의 겨울풍경에 금세 정신을 빼앗겨 버렸다.

단종이 숙부인 수양대군에게 왕위를 찬탈당하고 상왕으로 있다가 다시 노산군으로 강봉되어 유배된 곳이 바로 청령포다. 단종의 복위를 꿈꾸다 처형당한 성삼문, 박팽년 등 사육신은 흐르는 남한강 푸른 물줄기가 되어 단종의 마음을 헤아렸고 김시습, 이맹전 등은 생육신이 되어 숨은 쉬되 눈 감고 귀 막고 죽은 듯 살면서 임금 없는 하늘을 쳐다보지 않았다.

그들의 뜻이 세상의 인정을 받은 것은 그로부터 240여 년이 흐른 뒤였다. 숙종이 이홍위를 왕으로 복위하고 묘호를 '단종'이라 칭한 것이다. 그러나 이미 썩어 사라진 몸으로 다시 찾은 왕의 자리가 무슨 소용이었을까.

·· 소나무 숲길

　나는 어린 단종의 유배길을 그대로 따라갔다. 원주를 지나 신림, 주천, 영월로 이어지는 그 길은 지금은 산 좋고 물 맑은 평범한 시골길이지만 단종의 눈물과 한 서린 숨소리는 아직도 어딘가에 남아 있는 듯하다. 남한강의 푸른 물이 섬 아닌 섬을 휘감아 도는 겨울의 청령포가 어딘가 쓸쓸하다.

　단종의 애달픈 역사를 담고 있는 곳이지만 울창한 소나무숲과 청령포를 둘러싼 푸른 강만 놓고 보자면 한 폭의 그림이다. 경치를 눈으로 즐기고 사진기에 담느라 모두 정신이 없다. 나는 지금 낡은 배 한 척을 타고 600년 전의 시간 속으로 흘러 들어간다.

　드디어 청령포에 첫 발자국을 찍는다. 단종이 머물던 집으로 가는 길은 거친 자갈밭이라 한발 내딛을 때마다 발목에 힘이 주어진다. 눈동자를 비추는 태양빛에 얼굴을 찌푸리며 하늘을 바라보았다. 아마 단종도 이쯤에서 하늘을 한번 바라보지 않았을까.

　강가에서도 불지 않던 바람이 겨울 솔숲에서 을씨년스럽게 불어대고 빽빽하게 들어선 나무줄기들이 어지럽게 엉켜서 하늘을 가린다. 힘겹게 걸음을 옮기다보니 앞의 나무들 사이로 단종이 머물던 집이 보인다.

·· 단종의 눈물이 어린 관음송

　집 뒤를 돌아가는 솔숲은 꽤나 질퍽하다. 숲길 초입에 거대한 한 그루의 노송이 눈에 들어온다. 30미터는 족히 넘어 보이는 소나무들로 가득한 소나무숲 사이에서도 금세 눈에 띌 정도로 높게 솟아 있다. 단종이 청령포에 도착한 날부터

홍수 때문에 관풍헌으로 유배지를 옮길 때까지 두 달여를 그와 함께했던 관음송(觀音松)이다.

대략 수령만 600년 정도로 추정하고 있는데, 그렇다면 단종이 이곳에 있었을 때 이미 50년 가까이 자란 소나무였을 것이다. 단종은 유배생활 중에 마음이 허해지면 곧잘 두 갈래로 갈라진 이 관음송 가지 위에 걸터앉아 마음을 가다듬었다고 한다. 나무는 단종이 흘린 통곡의 눈물과 남몰래 쉬었던 한숨까지도 들으며 마음 아파했을 것이다. 어쩌면 그가 울다 지쳐 잠든 사이에도 잠들지 못하고 그를 지켜봤을지도 모를 일이다.

관음송 앞에서 사진을 찍고 있던 나들이 나온 가족이 마침 그 옆을 지나던 내게 사진 한 장 찍어달라고 부탁한다. 얼굴 가득 웃음이 흘러넘친 채 온가족이 모두 관음송 앞에 섰다. 카메라 렌즈 속에 관음송을 가득 채우고 그 앞에서 행복하게 미소 짓는 가족을 향해 찰칵 하고 셔터를 눌렀다. 왕의 혈통을 타고나지만 않았더라면 사진 속 아이들처럼 깔깔거리고 장난치며 행복하게 살았을 단종의 웃는 얼굴이 떠올랐다. 때마침 솔숲에서 불어오는 겨울바람에 코끝이 찡해진다.

남한강 물줄기를 바라보며 서 있는 작은 소나무 위로 어린 단종의 모습이 겹쳐진다.

·· 역사 속에서 길을 묻다

관음송을 지나치면 얼마지 않아 작은 봉우리로 올라가는 나무계단이 나온다. 계단으로 오르는 길목에 단종이 남긴 유일한 흔적이라고 알려진 작은 망향탑이 보인다. 단종이 유배생활을 할 때 왕비였던 송씨를 그리워하며 주위에 있던 돌을 주위 쌓았다고 표지판에 적혀있는데 어찌 그리운 이가 그 한 사람뿐이었으랴.

더 높이 올라가서 아래를 내려다보니 깎아 세운 듯한 낭떠러지 밑으로 시퍼런 강물이 굽이쳐 흐른다. 순간 정신이 아찔해진다. 단종 또한 이곳에 올라 아래의 강물을 바라보았겠지. 몰려드는 죽음의 공포에 자신을 놓아버리고 발을 헛딛을 생각도 해보았을까? 자살로 생을 마감하라는 협박에도 굴하지 않았던 그였기에 스스로 목숨을 버릴 생각은 하지 않았을 것이라 믿고 싶다. 장마철에 홍수가 들어 청령포가 물에 잠기자 단종은 관풍헌으로 거처를 옮겼고 그곳에서 사약을 받았다. 그렇게 이승에서의 애달픈 삶을 마친 그는 인근 영흥리 산자락 양지바른 곳에 묻혔다.

관음송을 뒤로하고 뭍으로 나가는 배를 타러 가는 길에 솔바람 소리가 귓가를 울리고 시린 바람이 끊임없이 옷섶을 파고든다. 세차게 몰아치는 바닷바람에 발걸음을 멈칫한다. 마치 떠나는 여행자를 붙잡고 싶은 단종의 마음인 듯하여 바람결 속에서 슬픔의 잔상이 느껴진다. 그가 묻힌 장릉으로 발걸음을 옮겼다.

·· 남한강은 흐른다

소나무숲을 조금 걸어 올라가니 장릉이 보인다. 장릉 앞에 설명이 적힌 간판을 꼼꼼하게 읽고 단종이 묻힌 곳을 향해 발걸음을 옮겼다. 처음에 단종이 이곳

슬픈 역사가 흐르고 있는 남한강의 청령포.

에 묻혔을 때는 '노산군묘'라 불리다가 숙종 때부터 '장릉'이라고 불리게 됐다.

장릉으로 올라가는 길가에도 역시 소나무가 끝없이 늘어서 있다. 그러나 솔숲에 가려 햇볕도 들지 않는 청령포와는 대조적으로 단종의 능은 솔숲을 뒤로 하고 햇볕 가득 고인 양지바른 곳에 있다. 장릉은 보통 왕릉보다 규모는 작지만 운명을 피하지 않고 떳떳하게 맞섰던 어린 왕의 기상이 그대로 서려 있는 듯이 당당하게 자리 잡고 있다. 그렇게 600년 전의 슬픈 역사를 돌아보는 사이에도 남한강은 묵묵히 흐르고 있다.

단종이 묻힌 장릉. 다른 왕릉에 비해 규모가 작지만 단아한 기상이 느껴진다.

주변 여행지	남한강, 요선정, 요선암

요선정

가는 길

내비게이션 검색_ 강원도 영월군 남면 광천리

자 가 용
- 중앙고속도로 → 제천IC(38번 국도) → 서영월 나들목 → 청령포 좌회전(59번 국도) → 청령포

대중교통
- 동서울버스터미널이나 강남고속버스터미널 호남선 → 영월행 버스(강남고속버스터미널 호남선에서는 오전 7시, 오전 11시 30분, 오후 1시 30분, 오후 7시에 출발)
- 영월시내 → 청령포 입구(시내버스로 10분 소요)

걷기여행 100배 즐기기
- 청령포의 소나무숲은 다른 어떤 곳보다도 인상적이다. 단종 유배지를 알리는 비석과 관음송, 관음송 지나 계단을 따라 올라가면 나오는 절벽 전망대 등은 청령포 여행자들의 필수코스다.
- 청령포에서 대략 2km 정도 떨어진 곳에 장릉이 있으며, 요선정은 영월군 주천면을 지나 무릉리에 있는데 영월에서 20km 거리이다.
- 관람시간: 오전 9시~오후 6시(동절기 오전 9시~오후 5시), 입장료: 어린이 640원, 청소년 1,000원, 어른 1,200원

산책 코스 및 소요시간

청령포 섬 곳곳(단종어소, 관음송, 망향탑 등)

청령포를 다 돌아보는 데 그리 많은 시간이 걸리지 않는다. 배를 타고 강을 건널 수 있고, 자갈밭을 지나 소나무숲을 걸어볼 수도 있는데 30분 정도 예상하면 된다.

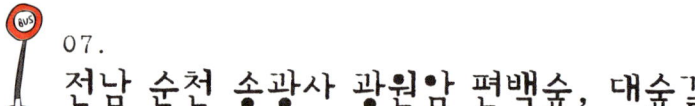

07.
전남 순천 송광사 광원암 편백숲, 대숲길

스님과 나는 여러 주제를 두고 이야기를 나눴다. "죽은 물고기는 물길을 따라 흘러내려 가지만 살아 있는 물고기는 물길을 거슬러 올라간다"는 스님의 말씀이 가장 절실하게 와 닿았다. 그 말에 생명의 힘과 삶의 경건함을 느꼈다.

·· 편백나무 울창한 숲길을 지나

광주버스터미널을 출발한 버스는 중간에 이 마을 저 마을을 거치며 사람들을 내리고 태우더니 드디어 송광사로 가는 길로 접어든다. 가는 길목에 주암호(住岩湖)가 보인다.

호수와 길은 나란히 달리다 산굽이를 돌면서 헤어졌다 다시 만난다. 오후의 햇살이 넉넉한 호수 품에 내려앉아서 별빛처럼 반짝인다. 호수를 감싸 안고 물결처럼 흐르는 산줄기가 웅성거린다.

보잘 것 없는 한 사람의 생이 사선을 그리며 느리게 지나간다. 낙엽이 바람에 쓸려 다니고 여태까지 안간힘을 다해 가지에 매달려 있던 늙은 잎사귀가 허공에서 뱅뱅 돌다 결국 땅으로 떨어진다.

송광사 산내암자인 광원암(廣遠庵)으로 가는 길은 생각보다 어려웠다. 매표소를 지나 한참을 올라가다 보니 길이 두 갈래로 나뉜다. 그중 넓은 길을 택해 걸어갔는데 나무들로 길이 막혀 있다. 그렇게 다시 돌아나오기를 서너 번 반복하다가 편백나무가 울창한 오솔길로 접어들었다.

높다랗게 서 있는 나무들이 긴 가지를 수평으로 뻗은 채 숲 위의 하늘을 가리고 있다. 해는 떴는데 숲은 어둑어둑하다. 습기를 머금었는지 공기가 축축하다. 하지만 기분은 상쾌하다. 숲 안에 가득한 편백나무 추출물인 피톤치드가 새집증후군이나 진드기를 없애는 역할을 할 만큼 공기를 맑고 깨끗하게 한단다. 그래서 삼림욕을 즐기는 사람들이 편백나무숲을 많이 찾는 것이다. 숲의 기운이 내 몸을 맑게 해주는 것이 느껴져서 평소보다 깊게 숨을 들이마셨다.

숲에 나 혼자뿐인 듯 앞뒤로 사람이 전혀 보이지 않는다. 하긴 누가 그 유명한 송광사를 앞에 두고 후미진 산길을 찾겠는가 싶다. 그러나 오후의 편백나무 숲은 혼자 걷기에 너무 아쉬울 만큼 좋은 느낌의 길이다. 지금 내 몸에서 느끼는 이 상쾌함을 누군가와 나누면 좋겠다는 생각이 든다.

숲길을 천천히 걷다가 목적지에 대한 생각을 잠시 잊고 있었는데 또다시 갈림길이 나왔다. 선택의 기로에 놓인 이정표 나무기둥에 'ㅂ'이라는 글자와 왼쪽을 가리키는 화살표가 새겨져 있다. 짧은 고민 끝에 이정표가 가리키는 쪽으로 발걸음을 옮겼다.

그곳에서부터는 끝이 보이지 않는 대숲이 펼쳐져 있다. 대숲은 편백나무숲보다 더 촘촘해서 길 아닌 곳으로는 갈 수 없다. 나무 사이사이에 난 작은 틈새로 햇빛이 가닥으로 갈라져 들어온다. 사각거리는 대숲의 바람소리를 듣고 있노라니 몇십 년을 살았어도 가슴 속에 제대로 된 옹이 하나 맺지 못한 나의 지나온 길을 꾸짖는 것도 같다. 암자로 가는 길에 편백나무숲과 대숲을 지나게 된 것이 그저 우연만은 아닐 거란 생각이 든다.

·· 세상의 빛을 다시 보다, 광원암

조계산을 사이에 두고 동쪽에는 선암사(仙巖寺), 서쪽에는 송광사(松廣寺)라는 유명한 절이 있다. 선암사는 봄이 아름답고 송광사는 가을이 아름답다. 영롱한 봄꽃과 함께 피어나는 선암사의 봄에는 오래된 절간의 부드러운 곡선과 돌

광원암 길목을 지키는 부도들.

대숲 중간에 있는 또 다른 암자의 출입문.

담 숲길이 어울려 절 전체가 찬란해지는 것을 확인할 수 있다. 송광사의 가을에는 아름드리나무들이 만들어내는 장엄한 아름다움을 만날 수 있다.

역사의 소용돌이 속에 다섯 번 허물어지고 다시 세워진 광원암은 '넓고 멀리 부처님의 뜻을 퍼뜨린다'는 뜻을 지녔다. 처음 광원암을 지은 게 514년이니까 큰 절집이 있는 송광사보다 먼저 생긴 셈이다. 광원암터를 수십 년 동안 가리고 있던 나무와 가시덤불을 다 쳐내고 그 자리에 암자를 복원한 사람이 송광사 주지를 지낸 현봉(玄鋒) 스님이다.

여행을 하면서 아름다운 풍경과 멋진 유적지를 돌아보는 것 못지않게 중요한 것이 새로운 이와의 만남인데, 이번 여행에서 현봉 스님을 둘만의 시간과 공간 속에서 대하는 귀한 경험을 했다.

현봉 스님은 평소에는 텃밭에서 농사를 짓거나 암자 뒤 차밭에서 끊임없이 정진하는 시간을 보낸다. 스님은 옷매무새를 단정히 한 뒤 나를 암자 안으로 안내했다. 자리에 앉아 그윽하게 퍼지는 차향을 맡으니 산속을 헤매느라 어지러웠던 정신이 차분해진다.

찻잔을 사이에 두고 스님과 한 시간 반 정도 여러 주제에 대해 이야기를 나눴다. 거의 내가 묻고 스님이 답해주는 일방적인 형식의 대화였다. 그중에 "죽은 물고기는 물길을 따라 흘러내려 가지만 살아 있는 물고기는 물길을 거슬러 올라간다"는 스님의 말씀이 가장 절실하게 와닿는다. 생명의 힘과 경건함이 새삼스레 느껴진다. 거슬러 올라가는 그 끝에서 찾아야 할 것은 무엇일까. 생명이 태어나고 죽는 것에 대한 성찰이 곧 부처님의 깨달음으로 통하는 길일 텐데, 그것을 놓쳤던 순간순간이 이어져 습관이 되고 삶이 되지는 않았는지 반성도 해

광원암에서 바라본 대숲과 편백나무숲.

본다. 현실에서 이상을 검증받고 이상이 흔들리면 다시 정진할 줄 아는 삶의 자세를 배워야 할 때다.

 어둠이 내려앉은 암자부터 숲을 지나 절 아래 마을까지 내려오는 길 내내 스님은 작은 손전등으로 여행자의 발이 놓이는 자리를 또박또박 비춰주었다. 현봉 스님과의 만남은 겨울밤 긴 꿈을 꾼 듯 어느새 지난 일이 되었지만, 삶의 중심에 대해 다시 생각하게 된 경험이었다.

현봉 스님이 차를 받들며.

주변 여행지 조계산, 송광사, 선암사

가는 길
내비게이션 검색_ 전라남도 순천시 송광면 신평리
자가용
- 호남고속도로 → 송광사·주암IC → 송광사 이정표 따라 진행

대중교통
- 강남고속버스터미널 호남선 → 광주 → 송광사행 버스(서울에서 광주로 가는 버스는 자주 있는 편. 하지만 광주에서 송광사 가는 버스는 하루에 네 대뿐이다)
- 강남고속버스터미널 호남선 → 순천행 버스(오전 6시 10분부터 자정까지 수시로 운행) → 송광사행 시내버스인 111번 승차

걷기여행 100배 즐기기
- 광원암은 스님들이 정진하고 생활하는 곳으로 일반인들이 출입할 수 없다. 하지만 편백과 대숲이 인상적인 암자로 가는 길은 누구나 다닐 수 있다.
- 봄에 조계산을 찾는다면 선암사 경치가 한창일 터이니 송광사에서 산행을 출발하는 게 좋다. 반대로 가을에는 선암사를 지나 산행을 시작해서 송광사에서 일정을 마치는 게 좋다. 산길 중간에 보리밥을 파는 집이 있다.

산책 코스 및 소요시간
편백나무 오솔길 → 대숲길 → 광원암

송광사 주차장에서 광원암까지 30~40분 정도 소요된다.

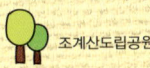

08.
부산시 해운대 달맞이고개~청사포 항구길

노을의 끝자락을 붙잡고 놓아주지 않았다. 저 멀리서부터 어둠이 하늘을 덮었지만 공기는 보랏빛으로 반짝였다. 간혹 지나가는 기차소리가 바다에 울려 퍼졌으며 그럴 때마다 겨울바다가 들썩였다. 지난 사랑을 떠올리며 그와 함께 잔잔한 이야기를 나누고 싶은 청사포는 이제는 떠나는 여행자의 뒷그림자마저 곱게 품고 있었다.

·· 부산 8경이자 해운대 12경, 달맞이고개

　부산에는 남포동 자갈치시장, 해운대해수욕장 등 그 이름만으로도 지난 추억을 떠올릴 수 있는 장소가 유난히 많지만 그중에서도 달맞이고개는 가족이나 연인, 친구들끼리 막연한 그리움과 달콤한 기억을 나눌 수 있는 최고의 장소이다.

　동백섬에서 시작해 해운대해수욕장 해변을 거쳐 달맞이고개에 이르는 구간은 부산의 대표적인 드라이브 코스다. 달맞이고개는 '부산 8경'의 하나이자 '해운대 12경' 중의 하나이기도 하다. 또한 달맞이고개의 해월정에서 바라보는 월출은 '대한 8경'의 하나로 대접받는다.

　광안대교와 해운대의 모습이 보인다. 해운대 빌딩숲에 이어 동백섬 지나 광안대교까지 늘어진 불빛이 아름답다. 검게 물든 바다가 반짝이며 살아난다.

　가로등 불빛 따라 오르막길을 계속 올라가면 왼쪽 편에 바다를 향해 창문을 열어놓은 건물들이 눈에 들어온다. 그곳에서부터 달맞이고개 카페거리가 시작된다. 이곳에는 마치 다른 나라로 여행을 온 기분이 들 만큼 독특한 양식으로 지어진 카페가 많다. 바다가 보이는 전망 좋은 곳에 앉아 차와 술을 즐길 수도 있고 원하는 스타일의 식사를 즐길 수도 있다. 한정식집이나 이탈리아 레스토랑뿐만 아니라 중국음식점, 아구찜전문점, 숯불갈비전문점 등이 늦은 시간까지 불을 밝히고 있다. 달맞이고개에 있는 어느 카페든지 들어가서 광안대교와 해운대의 야경을 감상하고 좋은 사람들과 시간을 보낼 수 있다.

　달맞이고개는 언제 와도 후회가 없다. 봄이면 벚꽃과 함께 화려한 밤의 축제가 열리고 여름이면 푸르른 소나무숲의 싱그러운 바람이 낮의 열기를 식혀준다. 가을은 단풍의 향연이 으뜸이고 연말 분위기로 가득한 겨울의 고갯길에는 젊은이들로 넘쳐난다.

달맞이고개는 원래 한해에 가장 큰 달이 뜨는 매년 1월 대보름에 이곳 사람들이 고갯마루에 올라 소원을 비는 달맞이 풍습을 행했던 곳이다. 지금도 그 뜻을 살려 고갯마루에 '해월정'이라는 팔각 정자를 세워놓은 것이다.

·· **달맞이고개, 청사포**

달맞이고개를 수놓은 식당과 카페의 불빛들을 뒤로 하고 청사포로 향한다. 청사포는 오래된 연인들의 사랑은 더 깊어지게 하고 시작하는 연인들의 마음은 따뜻하게 녹여줄 만한 아름다운 포구이다.

달맞이고개에서 바라본 해운대 야경.

해운대에서 청사포까지의 거리는 약 3~4킬로미터 정도다. 걸을 만한 거리인데 시간이 그리 많지 않아서 택시를 탔더니 동해남부선 기찻길 위를 가로지르는 건널목을 지난다. 청사포로 들어가거나 나올 때는 꼭 기찻길을 건너야 한다. 해운대부터 달맞이고개 아래 바닷가와 청사포를 지나 송정해수욕장까지의 구간은 동해남부선 최고의 경치와 기찻길이 어우러진 곳이다.

청사포에 도착하니 바다의 수평선 끝자락에 울긋불긋한 빛이 간신히 걸려 있다. 작은 항구 앞에 조개구이와 각종 해산물을 먹을 수 있는 집들이 옹기종기 모여 있다. 방파제에 앉아 어둠에 묻혀가는 빈 배와 잔물결마다 불빛이 아른거리는 바다를 본다. 바다가 사람 사는 마을로 깊숙이 들어와 있다. 방파제에서 부서진 파도는 더 이상 나아가지 못하고 항구 앞에서 잦아든다.

가로등 불빛이 안개비 같이 부서져 자욱하게 내려앉는 거리에 섰다. 저 멀리 울긋불긋한 노을이 어둠의 장막에 가려지면서 땅에는 밤이 내린다. 이런 곳이라면 혼자보다는 둘이나 셋이 함께 도란도란 이야기 나누며 걷는 편이 좋을 듯하다. 청사포의 저녁이 만들어내는 분위기는 굳게 걸려 있던 마음의 빗장을 풀게 만든다.

이곳에서 사람을 태우고 해운대로 향하는 마을버스가 항구의 정거장을 벌써 몇 번째 오갔다. 편하게 돌아가려면 버스를 타는 것도 괜찮겠다 싶었지만 청사포마을을 비추는 불빛들에 마음이 바뀌어 그대로 다시 걷기 시작했다.

청사포마을 뒤의 산능선에 불빛이 나란해 보이는 곳이 바로 달맞이고개다. 고개 위 카페의 조명과 고개를 넘는 자동차 불빛이 촘촘히 어우러져 반짝인다. 청사포와 달맞이고개의 풍경이 아스라이 빛난다.

정사포 항구의 밤

겨울길

청사포로 들어올 때 지났던 건널목 앞에 다시 섰다. 차단기가 내려가고 기차가 지나간다. 나는 서성거렸던 청사포마을을 뒤돌아 보았다.

| 주변 여행지 | 광안대교, 해동용궁사, 부산아쿠아리움 |

| 가는 길 |

내비게이션 검색_ 부산광역시 해운대구 중2동

자가용
- 부산울산고속도로 → 해운대IC → 해운대

대중교통
- 고속버스터미널 → 부산 가는 버스(오전 6시부터 다음날 오전 2시까지 수시로 운행)
- 서울역 → 부산 가는 기차(오전 5시 30분부터 오후 11시까지 수시로 운행한다. 해운대를 가려면 기차를 타는 게 좋다)
- 부산역에서 지하철을 타고 해운대역으로 가거나 부산역 앞에서 139번 일반버스, 1003번 광역버스 등을 타고 해운대 정류소에서 하차한다.

| 걷기여행 100배 즐기기 |
- 해운대에서 달맞이고개를 넘어 청사포까지 걷기에는 좀 먼 거리다. 걷기 편한 신발과 바닷바람에 감기 걸리지 않도록 옷을 단단히 준비하자.

| 먹을거리 |
- 달맞이고개에 있는 '뜰아래채'라는 한정식집은 회요리와 구절판을 메인메뉴로 하는 한정식 코스요리가 전문이다. 가격은 1인당 1만 5천원~5만원 정도다. 정갈하게 꾸며진 전통양식의 방에서 정성이 담긴 요리를 맛볼 수 있다.

| 산책 코스 및 소요시간 |

해운대(동백섬) → 달맞이고개 → 달맞이 카페거리 → 해월정 → 청사포

해운대에서 달맞이고개 넘어 청사포까지는 대략 4km가 넘는 거리다. 걸어간다면 1시간이 조금 더 걸린다. 청사포 항구는 해질녁 풍경이 멋지기 때문에 그 시간을 맞춰서 가는 것이 좋다.

09. 부산시 해운대~부산항 바닷길

움직이는 배 주변을 맴돌며 깍깍 비명을 질러대던 갈매기들이 사람들 손에 들린 새우깡을 보자 눈이 시뻘개져서 먹잇감을 향해 돌진한다. 그런데 그들보다 조금 높은 곳에서 빙빙 원을 그리며 날고 있는 갈매기 한 마리가 있었다. 혹시 그 갈매기가 동료들의 따돌림에도 흔들림 없이 꿋꿋하게 자신의 꿈에 도전하는 조나단이 아니었을까?

·· 꿈꾸는 바다

안개가 바다를 먼 데서부터 감싸 안고 희뿌연 장막을 쳤다. 유람선이 그 미지의 세계 속으로 천천히 들어가더니 해변이 너무 멀지도 가깝지도 않게 보일 정도의 거리를 유지하면서 물위의 길을 달린다.

해운대에서 유람선을 타면 꼭 봐야 할 것 중 하나가 멀어지는 달맞이고개의 전경이다. 푸른 숲과 바위가 어우러진 풍경과 그 중심에 선 바다와 하늘 그리고 구름의 색을 닮은 건물들이 모자이크처럼 빛난다.

춤추듯 날갯짓을 하며 배를 따르는 갈매기 무리를 보고 즐거워하고 있을 때 꽤 강한 파도가 치더니 부서진 파도알갱이들이 갑판까지 올라온다. 파도는 제 성질을 못 이겨 배를 좌우로 기우뚱거리게 만들었다가도 언제 그랬냐는 듯 금세 평온을 되찾는다. 저 멀리 해운대 백사장이 보인다. 여름철 성수기가 지난 지 오래인데, 여전히 꽤나 많은 사람들이 오가고 있다. 살짝 고개를 돌리니 동백섬 소나무숲이 자신도 좀 봐달라는 양 바다 쪽으로 한껏 머리를 내밀었다.

곧이어 무려 7.42킬로미터의 길이로 수영만을 가로지르는 광안대교가 보인다. 바다 위에 떠 있는 다리는 육중하면서도 날렵한 모양이다. 부산 앞바다 해

부산 광안리 앞바다를 가로지르는 광안대교

안선을 따라 이어지는 이 다리는 2003년 1월 개통했는데 어느새 부산의 상징이 되었다. 거대한 광안대교 아래로 여행자들을 태운 요트가 돛을 펼치고 미끄러지듯 지나고 있다.

해 지면서부터 새벽까지 광안대교에는 빛의 축제가 벌어진다. 다리 곳곳에 설치된 조명과 바닷가에서 쏘아대는 크고 작은 폭죽의 불꽃, 그리고 해안선을 따라 줄지어 선 건물에서 나오는 불빛의 어우러짐은 놓치기 아까운 전경이다. 이런 야경을 제대로 즐길 수 있는 야간 유람선은 해운대 미포선착장에서 탈 수 있다. 유람선을 타지 않고 광안대교를 제대로 보려면 광안리해변이나 해운대 달맞이고개를 찾아도 좋다. 바다 밖에서 보는 광안대교는 '물위에 뜬 다리'다. 바다 위에 떠 있어 공중과 공중을 연결하고 육지와 육지를 연결하는, 그래서 땅이 땅으로 가게 하고 허공이 허공으로 이어지게 하는 장엄한 역사의 풍광이다.

·· 물이 차면 다섯 개, 물이 빠지면 여섯 개가 되는 섬 오륙도

유람선이 국민노래 '돌아와요 부산항에'의 절정부분에 나오는 '오륙도'를 지난다. 바위절벽 위로 이어진 오륙도등대의 모습이 선명하다.

　유람선 선장님이 직접 읊어주는 관광안내방송 또한 오륙도를 지날 때 가장 열기를 띤다. 썰물 때면 여섯 개의 섬(방패섬, 솔섬, 등대섬, 굴섬, 송곳섬, 수리섬)이 보이고 밀물 때면 다섯 개(해수면이 낮아지면서 방패섬과 솔섬이 사실은 한 개의 섬이라는 것이 드러난다)만 보여서 오륙도라는 이름이 붙었다는 유래와 함께 각 섬의 지형까지 자세하게 설명한다.

　유일하게 사람이 살고 있는 등대섬 앞으로 배들이 들락거린다. 등대섬의 바위에 우뚝 선 흰 등대와 철계단은 자연과 인공의 조화미를 만들어내고 있다. 사람이 살지 않는 나머지 다섯 개의 섬은 바람과 파도가 빚은 기암들을 품고 자연 그대로의 신비로움을 보여준다.

　은파금파 빛나는 바다에 꽂혔던 눈을 드니 절벽이 보인다. 태종대. 그곳에는 '자살절벽'이라 불리는 아찔한 높이의 절벽이 있는데, 이제는 그 자리에 전망대가 들어서 있다. 삶의 절박함을 갖고 태종대 자살절벽을 찾았을 사람들의 사연을 생각하다가 부산항이 얼마 남지 않았다는 선장님의 안내방송이 흘러나올 때야 정신을 차렸다.

　전망대로 변한 자살절벽. 그곳에 서면 어떤 희망을 전망할 수 있을까? 그렇게 배가 부산항으로 들어가는 길목에 이르자 진풍경이 펼쳐졌다. 산중턱가의

겨울길

오륙도 등대가 있는 섬.

작은 집과 낡은 아파트의 창문이 다닥다닥 붙어 있다. 힘들지만 꿈을 가지고 살아가는 사람들이 이곳에 살고 있겠지. 유람선은 등대 사이로 난 뱃길을 빨아들이고 있었다. 이곳이 바로 부산의 자갈치시장이고, 영도다리이고, 부산항이리라.

태종대.

| 주변 여행지 | 광안대교, 오륙도, 태종대 |

가는 길

내비게이션 검색_ 부산광역시 해운대구 중1동 1015(해운대해수욕장)

자가용
- 부산울산고속도로 → 해운대IC → 해운대

대중교통
- 고속버스터미널 → 부산 가는 버스(오전 6시부터 다음날 오전 2시까지 수시로 운행)
- 서울역 → 부산 가는 기차(오전 5시 30분부터 오후 11시까지 수시로 운행한다. 해운대를 가려면 기차를 타는 게 좋다)
- 부산역에서 지하철을 타고 해운대역으로 가거나 부산역 앞에서 139번 일반버스, 1003번 광역버스 등을 타고 해운대 정류소에서 하차한다.

걷기여행 100배 즐기기
- 해운대, 광안대교, 태종대, 오륙도, 이기대 등 유명한 부산의 명소들을 바닷길에서 만날 수 있다.
- 유람선은 부산항에서 해운대 미포선착장으로 오간다. 시작과 끝은 여행자 취향대로 정하면 된다.

산책 코스 및 소요시간

해운대 미포선착장 → 부산항 바닷길 → 광안대교 → 오륙도 → 태종대 → 자살절벽 → 연안 여객선터미널

해운대 미포선착장에서 부산항까지 유람선 운행시간이 1시간 정도 소요된다. 해운대와 달맞이고개 구경을 따로 한다면 1시간을 더해야 한다. 또 부산항에 내려서 자갈치시장과 용두산공원을 돌아보는 데도 1시간 이상 걸린다.

걷고 또 걷고 싶은 대한민국 산책길

펴낸날	초판 1쇄 2009년 7월 17일
	초판 2쇄 2010년 3월 15일
지은이	장태동
펴낸이	심만수
펴낸곳	(주)살림출판사
출판등록	1989년 11월 1일 제9-210호

경기도 파주시 교하읍 문발리 파주출판도시 522-1
전화 031)955-1350   팩스 031)955-1355
기획·편집 031)955-1384
http://www.sallimbooks.com
book@sallimbooks.com

ISBN 978-89-522-1169-9   13980

※ 값은 뒤표지에 있습니다.
※ 잘못 만들어진 책은 구입하신 서점에서 바꾸어 드립니다.

책임편집 **김형필**